超简单！

斗地主
自学一本通

爱林博悦 编著

人民邮电出版社
北京

图书在版编目（CIP）数据

超简单！斗地主自学一本通 / 爱林博悦编著. -- 北京 : 人民邮电出版社，2023.3
ISBN 978-7-115-60934-2

Ⅰ. ①超… Ⅱ. ①爱… Ⅲ. ①扑克－牌类游戏－基本知识 Ⅳ. ①G892.1

中国国家版本馆CIP数据核字(2023)第015055号

免责声明

内 容 提 要

斗地主最早起源于湖北武汉一带，发展至今已是全国流行的休闲娱乐项目。虽然很多人都知道斗地主，但会玩的人不多。本书专为想学斗地主的读者打造，帮助他们从完全不会玩斗地主的新手，成长为合格的斗地主玩家。

本书共 4 章，第一章讲解了斗地主的用牌、常用术语、牌型及牌型大小、计分等内容；第二章主要介绍了斗地主的过程，让读者熟悉斗地主的玩法；第三章则从组牌、叫牌、记牌、算牌、出牌、跟牌、拆牌等方面，讲解了斗地主的通用技巧；第四章从地主、平民两个角度分别讲解了斗地主的玩法，此外，还给出了一些实战练习，对地主与平民的获胜原因进行了相关分析。

本书给出了详细的文字和配图，图文结合，简单易懂，让读者看图学牌。本书适合斗地主初学者和爱好者阅读。

◆ 编　著　爱林博悦
责任编辑　裴　倩
责任印制　马振武

◆ 人民邮电出版社出版发行　北京市丰台区成寿寺路 11 号
邮编　100164　电子邮件　315@ptpress.com.cn
网址　https://www.ptpress.com.cn
涿州市京南印刷厂印刷

◆ 开本：700×1000　1/16
印张：7　　　　　　　　　2023 年 3 月第 1 版
字数：115 千字　　　　　　2023 年 3 月河北第 1 次印刷

定价：32.00 元

读者服务热线：(010)81055296　印装质量热线：(010)81055316
反盗版热线：(010)81055315
广告经营许可证：京东市监广登字 20170147 号

CONTENTS 目录

第三章
斗地主的玩法技巧 33

03

第一章

斗地主入门基础

扑克牌是十分常见的休闲娱乐游戏道具，普普通通的 54 张扑克牌，在人们的创意设计下可以有多种不同的玩法，具有很强的娱乐性。

斗地主是为人熟知的一种扑克牌玩法，深受人们喜爱。接下来，我们来了解一下与斗地主入门相关的基础内容。

1.1 用牌组成及基础知识

斗地主是一种风靡全国的纸牌游戏，游戏玩家分为地主和平民。两方对战，先出完牌的一方获得胜利，玩法简单明了，整个过程极富娱乐性和对抗性。

斗地主有两种玩法，一种是三人玩一副牌，另一种是四人玩两副牌。其中，三人玩一副牌的斗地主玩法为常规玩法，本书也是以这个玩法来讲解斗地主的。

1.1.1 游戏用牌的组成

斗地主使用的游戏道具是扑克牌，包含红桃、方片、梅花、黑桃 4 种花色以及双王，每种花色的牌包括数字 2 ~ 10 以及 J、Q、K、A 标示的 13 张牌，其中 A 也表示数字 1。

扑克牌的点数共 13 点，一个点数有 4 种花色，共 52 张，再加大王、小王各 1 张，一副牌共有 54 张。

由于扑克牌只有花色上的区别，每种花色牌的数字形式基本一样，因此下面仅展示扑克牌的花色样式以及双王牌的样式，就不再重复介绍扑克牌花色、数字等相关内容。

◇ 红桃

红桃花色 2 ~ A 点数展示图

◇ 方片

方片花色 2 ~ A 点数展示图

◇ 梅花

梅花花色 2 ～ A 点数展示图

◇ 黑桃

黑桃花色 2 ～ A 点数展示图

◇ 大王、小王

大王　　　　小王

1.1.2　单牌的点数大小

在斗地主游戏中，区分单牌的点数大小是不用考虑纸牌花色的，因斗地主游戏玩法不同，单牌点数有不同的大小排序。

根据斗地主的游戏玩法，其单牌点数排序是大王 > 小王 >2>A>K>Q>J>10>9>8>7>6>5>4>3，见下图。

扑克牌单牌点数排序示意图

其中，我们把大王、小王、2、A、K 等牌看作大牌，把 Q、J、10、9、8 等牌看作不大也不小的牌，把 7、6、5、4、3 等牌看作小牌。

1.1.3　游戏人数与获胜方式

斗地主的参与人数最少是 3 个，其中一个玩家做地主，另外两个玩家做平民，形成对战双方。游戏开始后双方对战，先打完手中牌的一方获胜。

1.2　斗地主常用术语

下面介绍在玩斗地主时常用到的一些游戏术语，一起来了解一下吧。

◇ **地主**

地主是指在斗地主游戏中，拿到底牌拥有权和优先出牌权的玩家，并且自动成为游戏对战中的一方。

◇ **平民**

平民是指除地主外的两位玩家，这两位玩家是队友，成为游戏中与地主对战的另一方，联手对抗地主。

◇ **上家**

上家是指坐在地主左手边的平民。这里讲的上家和下面要介绍的下家，是参照地主来进行区分的。

◇ **下家**

下家是指坐在地主右手边的平民。

◇ **一局**

从地主第一次出牌，到有玩家出完手中牌的过程，就叫作一局。

◇ **一轮**

从地主开始，地主、平民依次出牌（也可以过牌），每人有一次出牌机会就叫一轮。

◇ **底分**

底分是指玩家抢地主的叫牌分数，通常有 1 分、2 分、3 分三档。

◇ **倍数**

倍数是指底分翻倍的数量，倍数主要是根据斗地主游戏中出的炸弹或火箭数量得出的，即初始倍数为 1，每出一个炸弹或火箭就翻一倍。

◇ 切牌

切牌是指在洗好牌后，在牌摞中任意翻出一张牌的行为。翻出的牌作为由谁先叫地主的指示牌（明牌）。

◇ 底牌

底牌是指在确定地主之前所有玩家都不能看的牌。

◇ 手牌

手牌是指玩家手里拿着的牌，不包括已经打出去的牌。

◇ 发牌

发牌即把一副牌分发给所有玩家的过程。

◇ 叫牌

叫牌是指确定哪位玩家来当地主的方法。拿到切牌时翻出的明牌的玩家就有优先叫地主的权利，地主需要独自对抗两个平民。

◇ 出牌

出牌即玩家把手里的牌打出去，由地主先出牌，玩家按逆时针顺序依次出牌。

◇ 跟牌

跟牌是指跟着前一玩家打出同类型的牌。

◇ 过牌

过牌是指玩家在一轮出牌中选择不出牌。无论是手里有牌不出，还是手中没有能跟的牌，都可以过牌。

◇ 顶牌

顶牌是指在某位玩家打出一手牌，另外两位玩家跟出分值大的牌去拦截的跟牌方式。

◇ 报牌

报牌是指在某位玩家手中的牌只剩一张或两张时，需要对另外两位玩家进行通报示警。

◇ 火箭

火箭是指双王组成的牌型，其也是斗地主游戏中的特殊牌型。

◇ 炸弹

炸弹是指四张点数相同的牌组成的牌型。炸弹和火箭一样，都拥有使牌局底分翻倍的作用。

◇ 单牌

单牌即任意单张牌。

◇ 对子

对子是指点数相同的两张牌。

◇ 连对

连对是指用三对或三对以上的连续对子组成的牌型，比如 334455 或 7788991010JJ。

◇ 顺子

顺子是指用五张及五张以上的连续单牌组成的牌型。

◇ 三张牌

三张牌是指点数相同的三张牌，比如 777。

◇ 三顺

三顺是指由两组或两组以上的连续三张牌组成的牌型，比如 555666 或 555666777。

◇ 三带一

三带一是指由三张点数相同的牌搭配单牌或对子的一种牌型。

◇ 飞机带翅膀

飞机带翅膀是指由三顺搭配同数量的单牌或对子的一种牌型。

◇ 四带二

四带二是指由四张点数相同的牌搭配两手牌的一种牌型。

◇ 春天

春天是地主针对平民的一种打法。开局地主出牌，直到地主把手牌都打完，两个平民一手牌都没出，这种情况就叫作平民被地主打了春天。

◇ 反春

反春是平民针对地主的一种打法。开局地主出了一次牌，被任意一平民出牌拦截并直到该平民把手牌全部出完，地主都没再出一次牌，这种情况叫作平民打了地主反春。

1.3 斗地主的牌型及牌型大小

在学习斗地主游戏之前，我们要先知道在斗地主游戏中都有哪些牌型以及这些牌型的大小关系。

1.3.1 牌型

在斗地主游戏里，有单牌、对子、连对、顺子、三张牌、三带一、飞机带翅膀、四带二、炸弹、火箭等牌型。

◇ 单牌

此处介绍的单牌，是指任意单张牌。

单牌的来源有多个，比如组合其他牌型后剩下的单张牌，或者手牌里原本就有的不能组成对子、顺子等牌型的单张牌，或者从其他牌型中拆下的一张牌。

单牌

◇ 对子

对子是两张点数相同的牌，如右图展示方片 8 和黑桃 8，它们组在一起就成了对子。注意，对子不包括大王、小王。

对子

◇ 连对

连对必须是三对或三对以上的连续对子组成的牌型,比如 QQKKAA 或 44556677,如下图所示。需注意,连对中不能带有数牌 2。

三连对

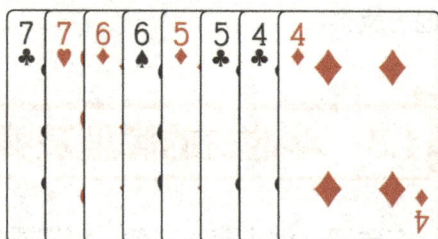

四连对

◇ 顺子

在斗地主游戏里,顺子是五张及五张以上的连续单牌,并且单牌点数在 3～A,不包括 2、大王、小王。五连顺和八连顺如下图所示。

五连顺

八连顺

◇ 三张牌

三张牌,是指由三张相同点数的牌组成的一种牌型,比如右图展示的三张 7。

注意,如果用三张牌搭配单牌或对子,就变成三带一牌型;如果把三张牌单独打出,就是三张不带牌型。

◇ 三带一

三带一是斗地主游戏中的常用牌型,三带一是三张相同牌搭一手牌,而搭的一手牌可以是单牌也可以是对子。用三

三张牌

张牌 QQQ(任意花色、点数为 Q 的三张牌,此后不再提示)组成三带一牌型,就可以分别组成 QQQ6 或者 QQQ44。

注意，如果三带一牌型带的是单牌，就可以带一张大王或小王。如果带的是对子，就不能带大王和小王。

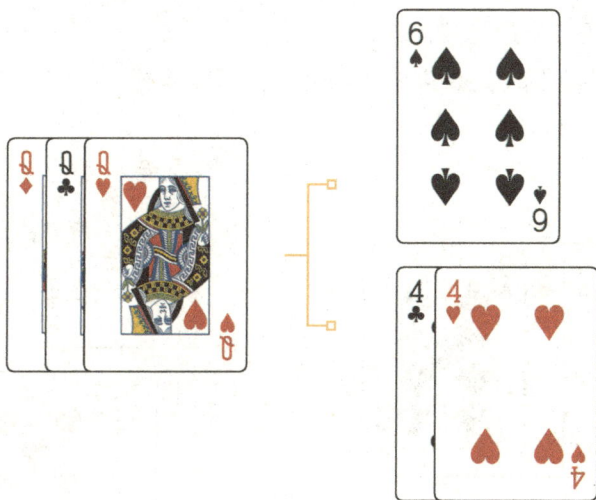

◇ 飞机带翅膀

飞机带翅膀，是由两组及两组以上的连续的三张点数相同的牌，再搭配与三张牌牌组对应数量的单牌或对子组成的一种牌型。

下图中，飞机由101010、JJJ这两组连续的三张牌组成，那么对应带的翅膀就可以是单牌5、Q或者对子33、66。

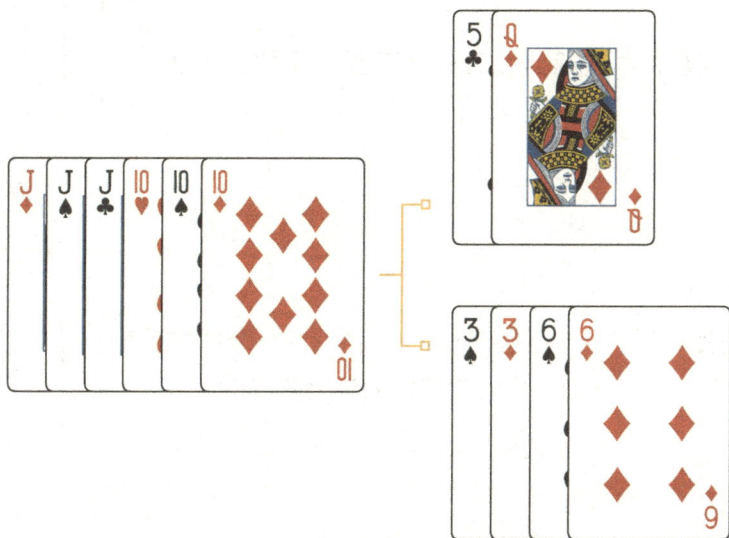

◇ 四带二

四带二与三带一类似，用四张相同点数的牌搭配两手牌，即两张单牌或两组对子。注意，四带二不是炸弹。

下图中，用四张牌 9999 来组成四带二，可以组成 999948 或 99995577。

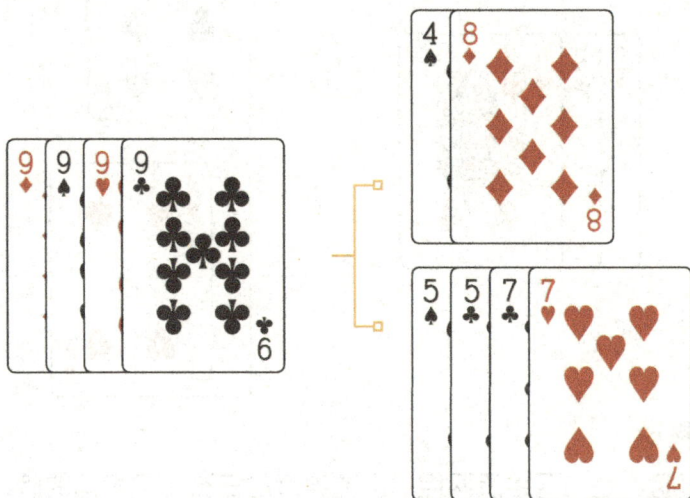

◇ 炸弹

把四张点数相同的牌组合在一起就是一个炸弹，比如四张 K。

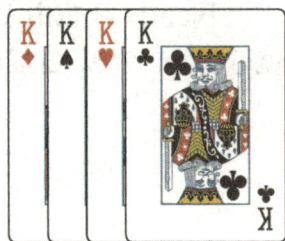

炸弹

◇ 火箭

火箭是指大王和小王组合在一起的牌型，一局斗地主游戏中只有一个火箭。此外，火箭也是牌力最大的炸弹。

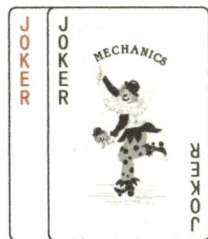

火箭

> ♥ **小编说**
>
> 炸弹和火箭，都有着增加当前牌局底分倍数的作用，打出一个炸弹或火箭，
> 牌局底分就翻一倍。

1.3.2 牌型大小

斗地主的牌型比较丰富，牌型之间也有大小之分。

首先，所有牌型中火箭最大，可以压过其他牌型。炸弹比火箭小，但比其他牌型大。火箭和炸弹可以不计牌型差异与其他牌型比较大小。

其次，除火箭之外的其他牌型与同类牌型且在牌型张数相同的情况下比大小。例如，炸弹之间比大小，就是以炸弹牌的点数比大小。

例如，下图中四张 J 比四张 7 大。

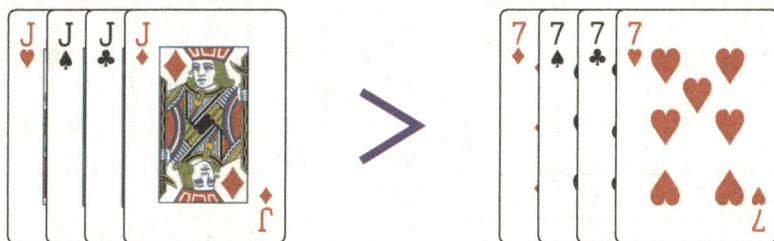

在顺子张数相同的前提下，顺子的大小主要是看顺子中点数最大的那张牌。下图有 45678 和 34567 两组顺子，它们均由 5 张牌组成，比大小时只需看顺子中点数最大的那张牌，即 8 比 7 大，故顺子 45678 比顺子 34567 大。

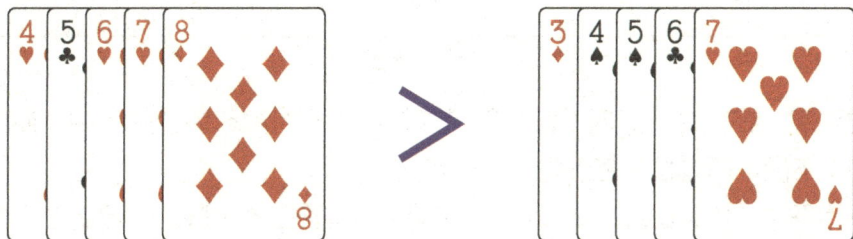

在三带一、四带二、飞机带翅膀这三种牌型中，只需分别对牌型中的主牌大

小进行比较,不需考虑其他牌,因为带的牌对牌型大小没有影响。

在三带一 8884、33310 这两组牌中,8 比 3 大,故 8884 比 33310 大;在四带二 QQQQ34、6666J5 这两组牌中,Q 比 6 大,故 QQQQ34 比 6666J5 大;在飞机带翅膀 77788835、4445559K 这两组牌中,777888 比 444555 大,故 77788835 比 4445559K 大。

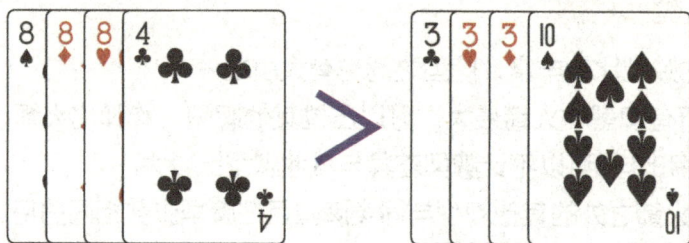

三带一

四带二

飞机带翅膀

要注意,在三带一、四带二和飞机带翅膀这类有附带牌的牌型中,如果附带牌的牌型不同,两者是不能进行大小比较的。

下页图中,KKK6 和 7771010 这两组牌都属于三带一牌型,但是它们各自附带牌的牌型不一样,其中一组带单牌,而另一组带对子,所以这两组牌不能进行大小比较。四带二和飞机带翅膀同理。

三带一

此外，单牌、对子、三张牌等牌型，只需按照牌的点数大小来进行牌型大小比较。

♥ 小编说

1. 斗地主同类牌型之间的大小比较均不用考虑扑克牌的花色，只需对比牌的点数大小。

2. 要在牌型以及牌的张数完全一致的情况下才能进行牌型大小比较，特别是三带一、四带二、飞机带翅膀等有多种组合形式的牌型中，要多加注意。

1.4 计分

斗地主计分由底分和倍数决定，即玩家抢地主确定的底分以及在本局游戏中获得的相应倍数，底分乘以倍数的结果就是最终得分。

1.4.1 底分

斗地主开局首先是叫地主，地主最终花落谁家则是看各玩家给出的底分高低。通常，底分有1分、2分、3分这三档。

1.4.2 倍数计算

通常，斗地主牌局的初始倍数为1，在游戏过程中玩家每出一个炸弹，牌局倍数翻一倍。当地主打平民春天时，牌局倍数翻一倍。当平民打地主反春天时，牌局倍数翻一倍。注意，火箭也属于炸弹，若炸弹和火箭被玩家留在手里，没有打出去，就不能增加牌局倍数。

1.4.3 得分计算

斗地主是三人、两个阵营的对战游戏，基于两个阵营人数的差异，在一局斗地主游戏结束后，地主和平民获胜后的得分是不一样的。

◇ 常规计分

地主获胜，其最终得分是底分×倍数×2，平民扣分为底分×倍数。平民获胜，其最终得分是底分×倍数，地主扣分为2×底分×倍数。

例如，某玩家以底分3分叫到地主，在游戏过程中没有玩家出炸弹，那么一局结束时，牌局依旧是初始倍数1。若地主获胜，得分为3×1×2=6（分），平民各扣除3分，见下左图；如果平民获胜，则平民各自得分为3×1=3（分），而地主则需扣除两位平民赢得的分数，共计6分，见下右图。

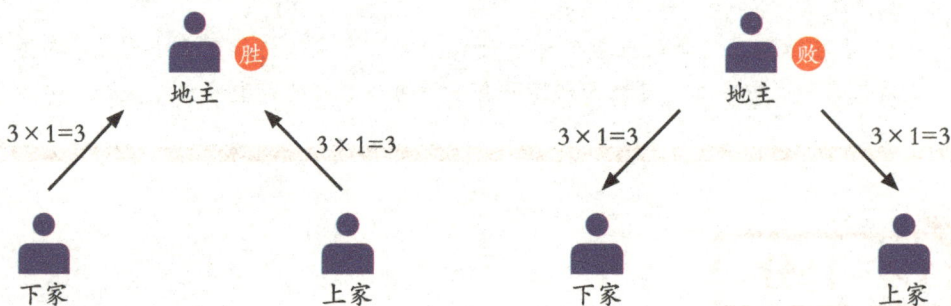

◇ 春天与反春

同样，当某玩家以底分3分叫到地主，如果地主打了平民春天，那么地主得分为3×2×2=12（分）。如果地主被平民打了反春，牌局得分为3×2=6（分），平民各得6分，地主共支付12分。

第二章

斗地主的过程

斗地主是很多人日常生活中喜欢的娱乐项目，那么斗地主应该怎么玩呢？本章介绍一局斗地主的过程。

2.1 洗牌

开始玩斗地主之前，首先要做的就是洗牌。洗牌，就是把一副牌打乱，以降低某位玩家拿到炸弹、顺子或三张牌的可能性。

下面为大家简单介绍洗牌方法以及由谁负责洗牌。

2.1.1 洗牌方法

斗地主洗牌大多采用"交错式洗牌法"，即将一副扑克牌分成两份并分别拿在手上，然后曲牌，弹洗，让左、右手里的牌一张一张上下交错，最后把牌合拢。交错洗牌能把一副扑克牌打乱。

注意，尽量重复洗几次牌，确保洗好的牌是无序的。

洗牌示意图

♣ **洗牌小技巧**

1. 拿到一副牌时先把牌混合打乱，然后运用交错式洗牌法再次洗牌，这样就可以很快把牌洗好。

2. 洗牌的次数尽量在三次以上。因为，洗一两次牌并不会把牌完全打乱，所以尽量多洗几次牌。

2.1.2 洗牌执行者

开始第一局斗地主前，可以由任意一位玩家来洗牌。从第二局开始，就由上一局的胜利方来洗牌，如果是平民一方获胜，则由先出完牌的那位平民来洗牌。

2.2 切牌

洗牌之后就到了切牌阶段,切牌主要是为了翻出一张用以确定叫地主的明牌。

切牌的具体过程是:由洗牌玩家的后一玩家先将洗好的牌随机分成两摞,然后翻开其中一摞牌的顶面那张牌(明牌),下图中翻出的明牌为黑桃 A,最后再把两摞牌合并。

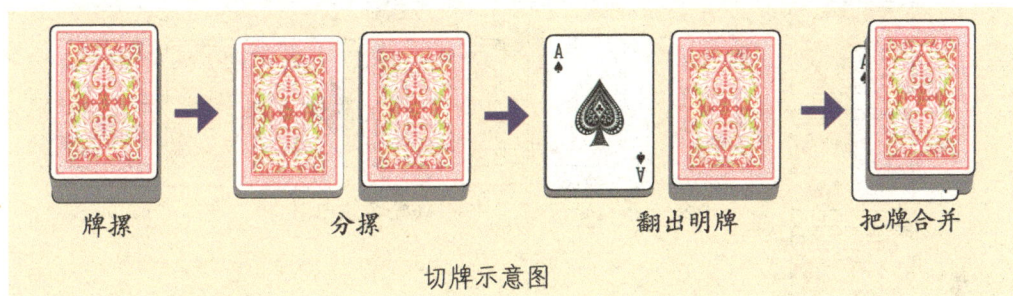

牌摞　　　　　分摞　　　　　翻出明牌　　　　　把牌合并

切牌示意图

2.3 发牌

发牌,就是把一副扑克牌分发给参与游戏的三位玩家。下面介绍发牌的相关内容。

2.3.1 发牌顺序

斗地主第一局发牌由洗牌的玩家负责,并从洗牌的玩家开始按逆时针顺序发牌。从第二局开始,洗牌、发牌均由上一局先出完牌的玩家负责。

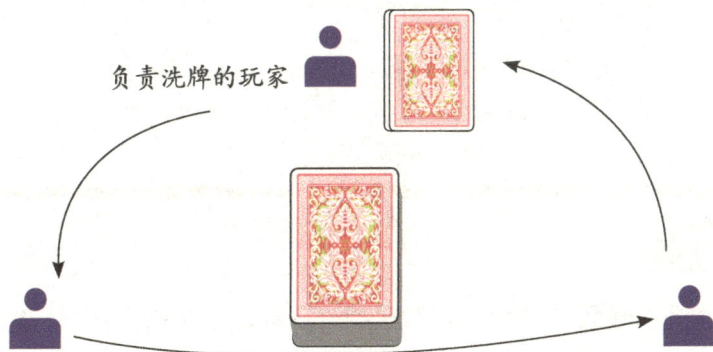

负责洗牌的玩家

2.3.2　发牌方式与数量

斗地主发牌起初是一张一张地发，但按这种方式发牌速度过于缓慢，后面逐渐变成了先发 1 轮 2 张牌，再发 5 轮 3 张牌的方式，并留下最后 3 张牌作为底牌。

下图中，三位玩家经过 6 轮发牌，每位玩家各 17 张牌，并且有一位玩家拿到了明牌黑桃 A。

第 1 轮发 2 张　　　　　每轮各发 3 张

底牌

♥ **小编说**

关于斗地主的发牌方式，有些地区规定先发 3 轮 5 张牌，然后再发 1 轮 2 张牌，4 轮共发牌 17 张。有的地区甚至规定一次性给每位玩家发 17 张牌。用这两种方式发牌，玩家拿到大牌、好牌的概率较大。

2.3.3　底牌

一副扑克牌的最后 3 张牌被当作底牌，在确定地主前，所有玩家都不能翻看底牌。在确定地主后，底牌归地主所有，地主把底牌亮出来给平民看。在有些地区，地主不会亮出底牌，只有地主知道底牌是什么。

2.4　理牌与组牌

理牌与组牌是玩斗地主的重要步骤，玩家拿到牌后应当快速整理好手牌并根据手牌情况组成不同牌型，为后面的出牌做准备。

2.4.1　理牌

理牌就是把手牌按大小顺序整理好。接下来为大家简单介绍理牌的方法和手牌的摆放形式。

◇　**理牌的方法**

拿到牌后不分花色，仅根据每张牌的点数，按从小到大的顺序整理手牌。理牌前和理牌后的手牌效果如下。

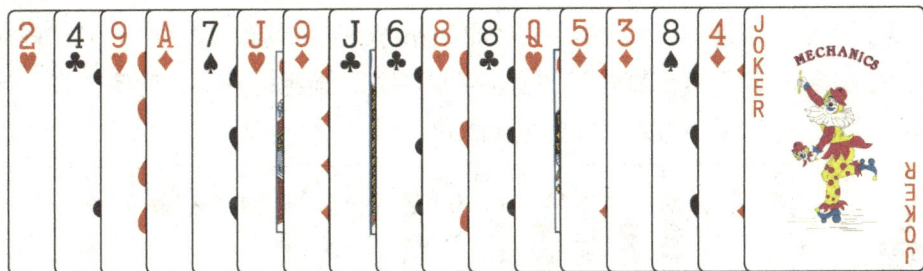

理牌前的手牌效果

理牌后的手牌效果

◇ **手牌的摆放形式**

玩斗地主时，一手拿牌，另一手出牌，为了方便手掌抓握手牌，理牌时手牌常常呈扇形摆放，采用这样的形式来整理手牌十分快速。手牌摆放形式如下图所示。

手牌的摆放形式

2.4.2 组牌

拿到牌后，整理牌面并根据牌面情况组成火箭、炸弹、顺子、对子、连对、三张牌、三带一、飞机带翅膀等牌型。手牌不同，能组的牌型也就不一样。下面以理牌时用的牌为例，为大家解析组牌思路。

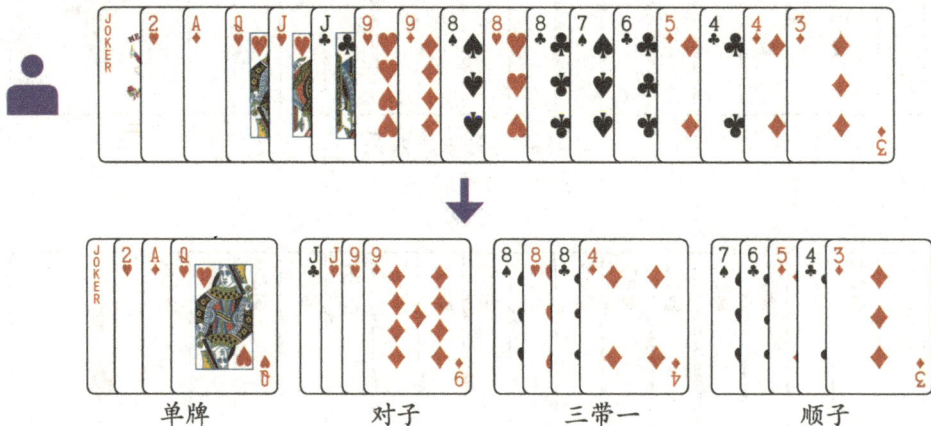

| 单牌 | 对子 | 三带一 | 顺子 |

组牌思路解析：

这副手牌的所有者为平民，根据手牌情况并结合第一章介绍的斗地主牌型，将手牌分别组成了对子 JJ、99，三带一 8884，顺子 34567 以及单牌 Q、A、2、大王等牌型。

2.5 叫牌

叫牌（又称"叫地主"）是斗地主的重要步骤，通过叫牌来确定地主，进而分出对战阵营。

2.5.1 叫牌顺序

玩家不能随便叫地主，而应遵循相应的顺序。叫地主的先后顺序和切牌阶段翻出的明牌有关，即哪位玩家拿到明牌，就有优先叫地主的权利，然后以这位玩家为起点，按逆时针方向确定叫牌的先后顺序。

如果在切牌阶段翻出的明牌是黑桃 2，就由拿黑桃 2 的玩家先叫地主，然后再按逆时针顺序依次叫地主。

优先叫地主的玩家

明牌

底牌

2.5.2 叫牌规则

获得明牌的玩家第一个叫地主，可选择叫1分、2分、3分，也可以不叫地主。

当拿到明牌的玩家放弃叫地主，则按逆时针轮转到下一位玩家叫地主；如果第二位玩家也放弃叫地主，那么本局地主就自动由最后一位玩家担任。

2.5.3 叫牌玩法

根据确定的叫牌顺序轮流叫牌，每人每轮只能叫一次，后叫者只能比先叫者的分值高或不叫。地主叫牌有从低分开始叫和直接叫最高分两种玩法。

◇ 地主叫牌玩法一

如果首位玩家一开始叫1分或者2分，那么第二位玩家可以根据手牌情况选择叫2分或3分，压过前一玩家或成为地主。同样，第三位玩家可叫最高分3分直接成为地主或者不叫地主。

◇ 地主叫牌玩法二

如果首位玩家一开始就叫"3分"，叫牌就立即结束，首位玩家直接成为地主。如果玩家叫3分成为地主，则把拿到的底牌亮给平民看。

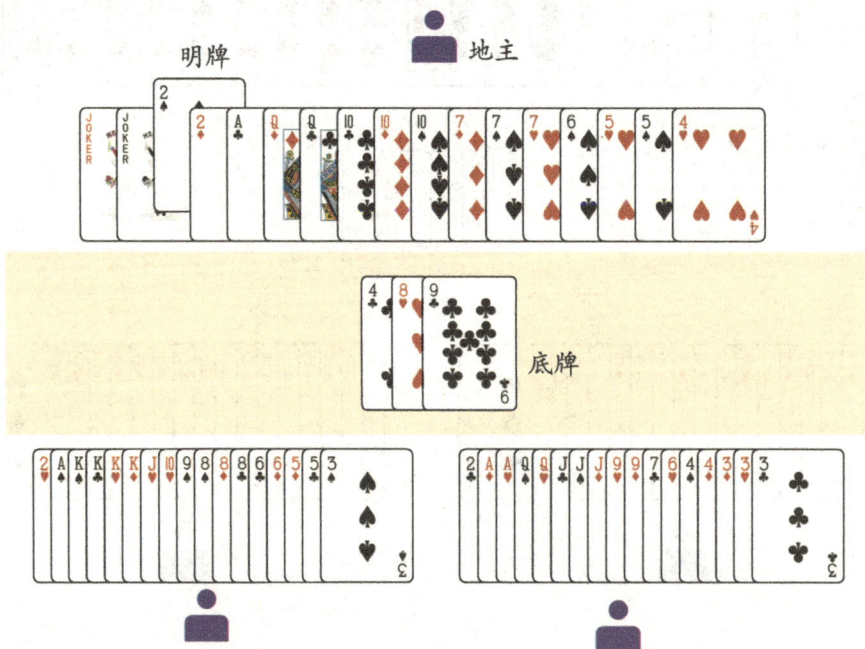

♥ **小编说**

通过叫牌确定地主后，再根据逆时针的顺序，两位平民就分别成为地主的
下家和上家。

2.6 出牌

出牌是地主与平民双方阵营对战的主要阶段，出的每一手牌直接关系着这局
牌的输赢，所以双方需要经过考量后再出牌。

地主收入 3 张底牌后需再次对手牌进行整理，随后根据最终的手牌情况确定
出牌类型。

2.6.1 出牌顺序

由地主先出牌，待地主出牌后平民按照逆时针的顺序依次出牌。

例如，地主与两位平民的牌型分别如下图所示，地主先出牌。地主根据手牌
情况组牌，组牌后先出顺子 345678，以便争取获得下一手的出牌权，因为 6 张
牌的顺子有很大概率是平民要不起的牌型。

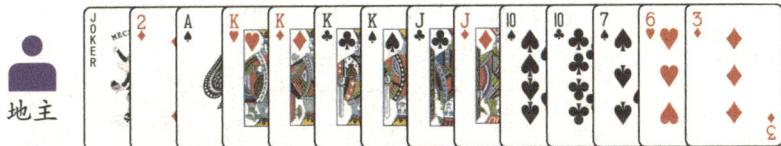

地主出牌

下家

上家

2.6.2　出牌选择

地主出牌后，下家可以用比地主大的牌跟牌，也可以选择不跟牌，直接过牌。

◇　过牌

由于地主选择出牌的牌型不同，下家和上家有时也会出现没有牌可跟，或者有牌可跟但为了不破坏牌型而选择不跟牌的情况。

例如，地主与两位平民的牌型分别如下图所示。地主打出顺子345678，由于下家缺少点数为5、10或J的手牌，没牌可跟；而上家手中虽然能组成比345678更大的顺子78910JQ来跟牌，但为了保留991010JJ的连对，同样跟不了地主的牌。此外，上家和下家都没有炸弹，因此直接过牌。

地主

地主出牌

过牌

下家

过牌

上家

◇　跟牌

例如，地主与两位平民的牌型分别如下图所示，地主第1轮打出顺子345678

后没有玩家跟牌，随后第 2 轮打出单牌 3，这时下家和上家都有牌可跟，下家跟出单牌 4，上家跟出单牌 Q。

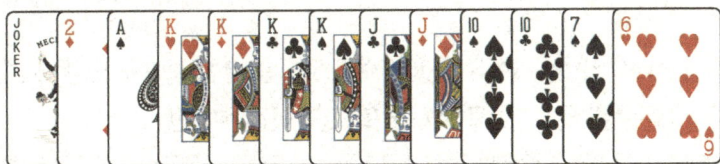

地主第 2 轮出牌

下家跟牌

上家跟牌

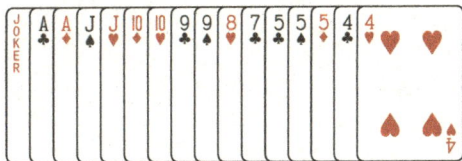

下家

上家

2.6.3 出牌注意事项

斗地主是三个玩家、两个阵营的对战游戏，玩家在出牌过程中需注意以下事项。

1. 出牌后就不能撤回，在出牌前一定要想好出的牌。

2. 地主出牌要考虑全局情况，以最快的速度把牌全部打出去，以获得胜利。平民出牌要与另一个平民相互配合，不要只顾自己不管整个局势。

3. 不仅要防住单牌，还要防住对子。很多时候，玩家习惯先出小对子，比如对子 33，但这样就可能会被对方抓住机会打出小对子。

2.7 报牌

　　一位玩家的手牌出得只剩下一张或两张时，就会报牌，报出手中的剩余牌数。根据玩家手牌的剩余数量，报牌分为报单和报双两种类型。

　　报单是指某位玩家的手牌，经过几轮出牌只剩一张，这位玩家向其他玩家通报示警。报双则是指某位玩家还剩两张手牌，注意剩余的这两张牌可能是两张单牌，也可能是对子，这位玩家向其他玩家通报示警。

　　地主和两位平民的手牌经过几轮出牌，情况如下图所示。观察手牌可知地主和上家的手牌还有很多，而下家的手牌还剩两张，此时下家报牌，就直接叫报双。

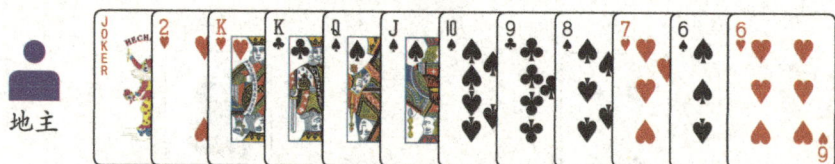

地主

下家

上家

第三章

斗地主的玩法技巧

斗地主是一种七分靠牌技、三分靠运气的娱乐项目。玩家不可能每次都拿到好牌，好运气也不是时时都有的，因此若想要取得游戏胜利，学习并掌握斗地主的相关玩法技巧很重要。

本章将忽略地主与平民的身份特性，仅从如何玩斗地主的角度出发，为读者讲解斗地主的相关玩法技巧。

3.1　组牌技巧

　　玩家拿到牌，首先要进行牌型组合，以进一步分析牌型，随后才能制定本局斗地主游戏的玩法策略。如果没有好的牌型，那么就需要考虑拆牌。拆牌的一个目的就是组牌，通过拆牌找出手牌能组成的所有牌型。

3.1.1　组牌基本原则

　　在斗地主实战中，牌面和牌局不同，出牌或跟牌方式也不同。因此，玩家需要按照斗地主游戏里规定的出牌牌型组合手牌，即把手牌组成单牌、对子、连对、顺子、三张牌、三带一、飞机带翅膀、四带二、炸弹、火箭等多种牌型（具体见第一章斗地主的牌型相关内容）。

3.1.2　组牌常用方法

　　在各玩家拿到的手牌情况相差不大时，决定游戏输赢的关键，就是玩家对手牌的组合方式。根据牌型各自的特点，玩家在组牌时尽可能地让手牌拥有最强牌力。斗地主组牌的常用方法如下。

　　一、先组火箭或炸弹。因为火箭和炸弹是斗地主里最大的两种牌型，可以压制大部分牌型，所以玩家拿到手牌，首先要确定其是否能组成火箭或炸弹。

　　二、再组三张牌。如果存在多组三张牌，需要判断是否是连续的三张牌，若是，则可组成飞机带翅膀；若不是，就组成三带一或三张牌。注意，当手牌有 444555666 等，可将其组成一个牌力更大的飞机带翅膀，而不是将其拆成444555 和 666。

　　三、再组连对。若手牌没有火箭、炸弹和三张牌，继续观察手牌中是否有三组及以上的连续对子，如果有，则将其组成连对。

　　四、再组顺子。当依次排除火箭、炸弹、三张牌、连对等牌型后，如果剩余手牌能组成 5 张牌及以上的顺子，那么就将其组成顺子。注意，在组成顺子时如果涉及三张牌、对子等牌型，那么就需要综合手牌情况，考虑拆牌，具体该如何拆牌，后面将为大家详细讲解。

　　五、最后组对子与单牌。在排除火箭、炸弹、三张牌、连对、顺子等牌型后，

第三章
斗地主的玩法技巧

假如剩余手牌中还有对子，则将其提取出来。提取出对子后剩余的所有牌，就是单牌。

◇ 组牌演示

玩家手牌如下图所示。通过观察，手牌里没有火箭和炸弹，但存在三张牌。此外，手牌里数牌3~7各一张，可自动组成五连顺34567。而数牌9~K则由四连单牌和一组对子组成，可以拆对子99来组顺子910JQK。因此，玩家的这副手牌可组成顺子34567、910JQK，三带一AAA9，对子22以及单牌小王四种牌型。

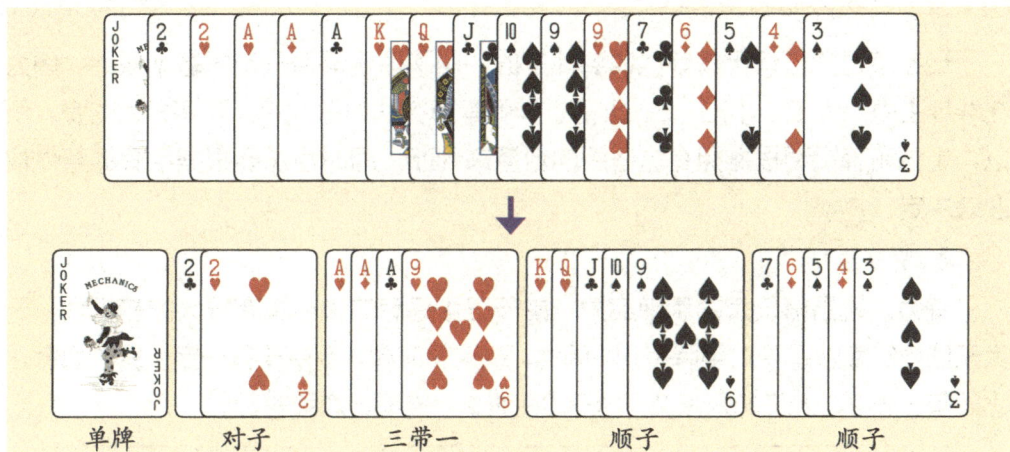

玩家手牌组牌演示

玩家手牌如下图所示。观察可知，手牌不能组成火箭、炸弹、三张牌、连对等牌型，同时手牌缺少4、9、Q等牌，也无法组成顺子。因此，玩家的这副手牌只能组成对子33、66、1010、JJ、KK、22以及单牌5、7、8、A、大王两种牌型。

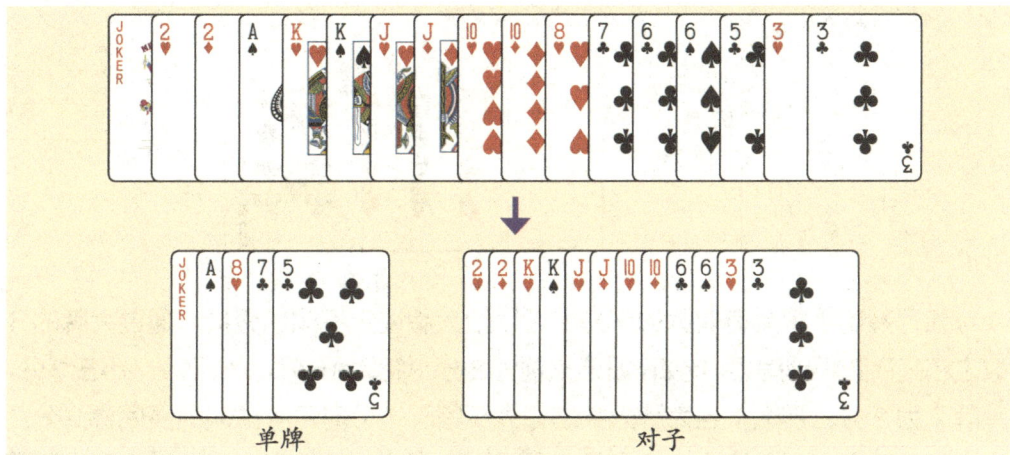

玩家手牌组牌演示

35

3.2 叫牌技巧

叫牌是斗地主中确定地主由哪位玩家担任的常用手段。那么，玩家应该如何叫牌呢？有哪些叫牌技巧可以使用呢？

3.2.1 叫牌基本原则

玩家不是凭任何手牌都能叫到地主的，叫牌需要遵循一定的基本原则。因为在斗地主中，大王、小王、2、火箭、炸弹等牌被认为是大牌，即牌力大的牌。所以，是否叫牌需要根据拥有这些牌的数量来判断，同时也需要根据手牌的整体情况来决定。

◇ **看牌力**

牌力，就是指玩家的手牌实力。由于三张底牌的大小具有很大的随机性，玩家无法确定底牌是否对手牌有利，因此，玩家想叫牌，手中要有一定数量的大牌，比如有三张 2、大王加两张 2、小王加两张 2、火箭、炸弹等。

三张 2

大王 + 两张 2

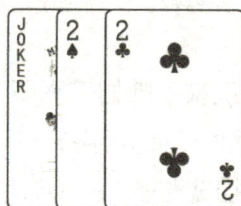

小王 + 两张 2

火箭

炸弹

如何判定手牌具有叫牌的牌力？可以给大牌设定不同的分数，通过大牌的分数之和来评判手牌牌力。比如，设定火箭为 8 分，炸弹为 6 分，大王 4 分，小王 3 分，单牌 2 为 2 分。那么，当大牌分数之和大于等于 7 分时可考虑叫最高底分 3 分；当大牌分数之和大于等于 5 分小于 7 分时可考虑叫 2 分；当大牌分数之和大于等于 3 分小于 5 分时可考虑叫 1 分；当大牌分数之和小于三分时则放弃叫牌。

此外，还可以看手牌里 A、K 这类牌的具体张数，来综合评估手牌的牌力大小。

例如，玩家拿到下图所示的手牌，观察手牌，其中有一张小王和对子 22，同时还有多张 A、K 等点数较大的牌。因此，从手牌整体情况来看，这副手牌具有较大的牌力，满足叫牌条件。

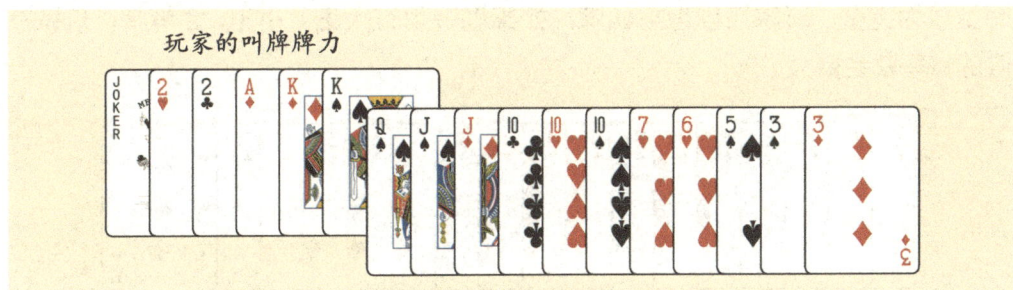

玩家手牌展示图

又如，玩家拿到下图所示的手牌，观察手牌可知，大王、小王可以组成火箭，即斗地主中最大的牌型，可以压制其他玩家出的所有牌型。如果不用大王、小王组火箭，仅作为单牌打出，同样可以压制玩家出的所有单牌。此外，手牌里还有对子 KK，也有压牌能力，故而玩家手牌符合叫牌条件。

玩家手牌展示图

由上述内容可知，手牌的牌力大小是玩家判断是否叫牌的首要因素。若牌力够大，玩家就不用过多考虑其他限制因素，果断叫牌。如果手牌的牌力一般，玩家就需要看手牌所组成的牌型好坏。

◇ 看牌型

看牌型，具体是看用手牌组成的牌型是否完整。如果用手牌组合的牌型完整，比如组成了炸弹、火箭、连对、三带一、顺子、飞机带翅膀等牌型，单牌相对较少，就不容易被其他玩家出牌压制。

例如，玩家拿到下图所示的手牌，其中大牌有三张 2，两张 A，具备叫地主的初步牌力。除大牌外，其他手牌主要是点数偏小的牌，其中单牌 4、5、6、7，只差一张牌就能组成顺子，故需要拆对子 33。因此，手牌组成了三张牌 999、222，对子 1010、AA，顺子 34567 以及单牌 3、Q 等四种牌型。由于手牌组成的牌型较为完整，玩家可以考虑叫牌，如果底牌里有大王、小王、2 等牌，玩家获胜的概率就会更大。

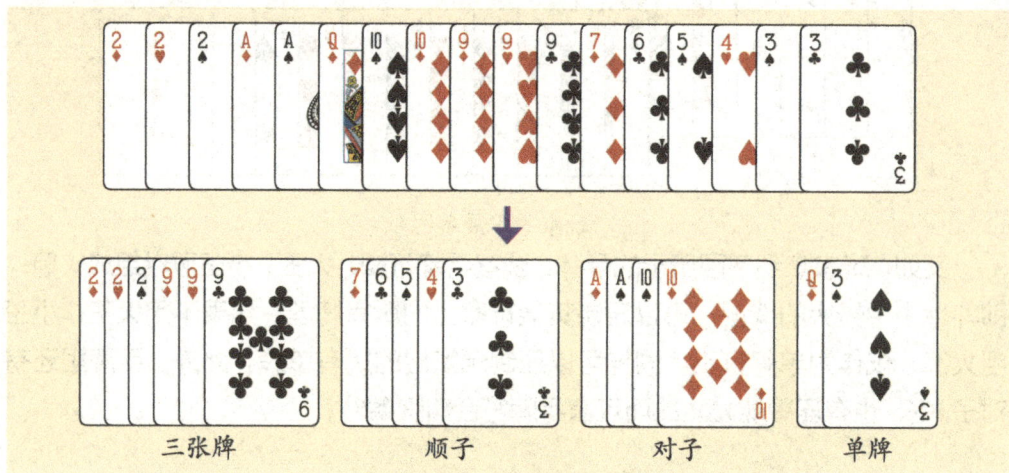

三张牌　　　　　　顺子　　　　　　对子　　　　　　单牌

玩家手牌组牌情况

如果玩家拿到的手牌是无法组成太多牌型且单牌较多，那么出牌就很容易被压制，很难拿到出牌权，就只能跟着其他玩家的出牌节奏被动出牌。遇到这样的情况，玩家就不需要考虑叫牌，直接放弃叫牌。

此外，玩家还可以通过已有手牌，来评估对手的牌力。估算他们手里是否有大牌，以此来作为是否叫牌的参考依据。但叫牌的关键主要是看手牌的牌力和组牌后的牌型优势。

3.2.2　牌型对叫牌选择的影响

虽然牌力大小是判断是否叫牌的关键，但是牌型同样很重要。想叫牌，就需要确保手中的牌型打出去不会被压制。下面介绍几组手牌情况，来看看牌型对叫牌选择的影响。

◇ 例 1

玩家拿到了下图所示的手牌,以这副手牌的牌型情况,玩家是否可以选择叫牌?

观察手牌可知,玩家的手牌可以组成顺子 56789,连对 1010JJQQ,三张牌 KKK,以及单牌 3、A、大王牌型,并且在组合牌型后没有留下过多的单牌。因此,即使玩家手牌里只有一张大王,但从牌型上来看,牌力依然较强,再加上未知的底牌,玩家可以尝试叫牌。

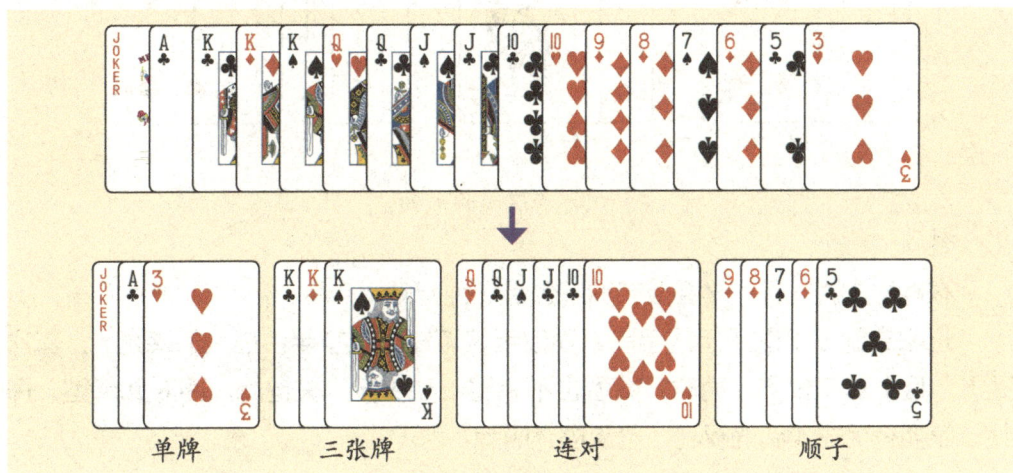

| 单牌 | 三张牌 | 连对 | 顺子 |

玩家手牌组牌情况

◇ 例 2

玩家拿到了下图所示的手牌,此时,以这副手牌的牌型情况,玩家是否可以选择叫牌?

观察手牌可知,玩家的手牌可以组成顺子 45678910J,对子 QQ、KK 以及单牌 4、9、A、2、小王等三种牌型。从整体上看,手牌里有小王和 2 两张大牌,且组成的牌型相对完整,单牌和对子也都有跟牌的牌力,并且玩家有机会占据出牌主动权。因此,玩家具备一定的叫地主以及成为地主后赢下牌局的实力,可以尝试叫地主。

单牌

对子

顺子

玩家手牌组牌情况

◇ 例3

在斗地主游戏里，学会放弃叫牌也是一种智慧。

玩家拿到了下图所示的手牌。观察手牌可知，玩家手中最大的牌是 A，其次是 K，且小对子较多。同时，牌型也不完整，缺少多张关键牌。面对此牌型，即使玩家拥有优先叫牌的权利，也应放弃叫牌。

综上，玩家手牌的牌型好坏，也决定着是否叫牌。所以，玩家在拿到牌后，要第一时间整理手牌并组合出最佳的牌型，从手牌的整体情况来考虑是否拥有叫牌的实力。

3.2.3 必须叫牌的情形

玩家叫牌需要遵循一定的基本原则，但在部分地区的玩法中，规定了当拥有叫牌权的玩家手牌里包含以下牌型时，无论玩家手牌组成的牌型情况如何，玩家都必须以最高底分叫得地主。

◇ 手牌里有火箭

例如，拿到明牌后拥有优先叫牌权的玩家，手牌如下图所示。观察手牌可知，玩家手牌里有大王、小王组成的火箭。面对此牌型，玩家不用考虑手牌组成的牌型是否完整，玩家必须叫最高底分3分，直接成为地主。

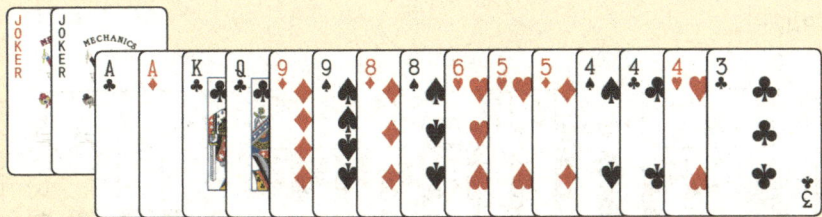

玩家手牌展示图

◇ **手牌里有大王（或小王）+22**

例如，拿到明牌后拥有优先叫牌权的玩家，手牌如下图所示。观察手牌可知，玩家手牌里有小王和对子22。面对此牌型，玩家必须叫最高底分3分，直接成为地主。

玩家手牌展示图

◇ **手牌里有大王（或小王）+ 两个炸弹**

例如，拿到明牌后拥有优先叫牌权的玩家，手牌如下图所示。观察手牌可知，玩家手牌里有一张小王，此外还有四张A、四张3等两个炸弹。因此，玩家应叫最高底分3分，直接成为地主。

玩家手牌展示图

◇ **手牌里有对子 22+ 两个炸弹**

例如，拿到明牌后拥有优先叫牌权的玩家，手牌如下图所示。观察手牌可知，玩家有对子 22，此外还有四张 Q、四张 4 两个炸弹。因此，玩家应叫最高底分 3 分，直接成为地主。

玩家手牌展示图

◇ **手牌里有三张牌 222**

例如，拿到明牌后拥有优先叫牌权的玩家，手牌如下图所示。观察手牌可知，玩家手里的大牌有三张牌 222，因此玩家依然应叫最高底分 3 分，成为地主。

玩家手牌展示图

3.3 记牌技巧

斗地主玩家学会记牌是必要的，而记牌也是提高牌技的必修课。那么，记牌需要遵循哪些基本原则，又有哪些技巧呢？

3.3.1 记牌基本原则

斗地主记牌的核心原则是，牢记牌的点数及其大小排序以及每个点数牌的张数。

◇ 记牌的点数及其大小排序

虽然斗地主使用的牌有 54 张，但是整副牌只有 15 个点数，即 2、3、4、5、6、7、8、9、10、J、Q、K、A、大王、小王。

此外，平时我们是从小到大按 1、2、3、4、5、6、7、8、9、10、11……的形式来记忆数字的，但根据扑克牌的点数标示，我们需要打破常规认知，按 3、4、5、6、7、8、9、10、J、Q、K、A、2、小王、大王的排序形式来记忆牌的点数大小。

斗地主中牌的点数大小排序示意图

◇ 记每个点数牌的张数

在扑克牌里，从 3 到 2 每个点数各有 4 张牌，大王、小王分别各一张牌，这些信息就是玩家在开始斗地主游戏前需要记住的。

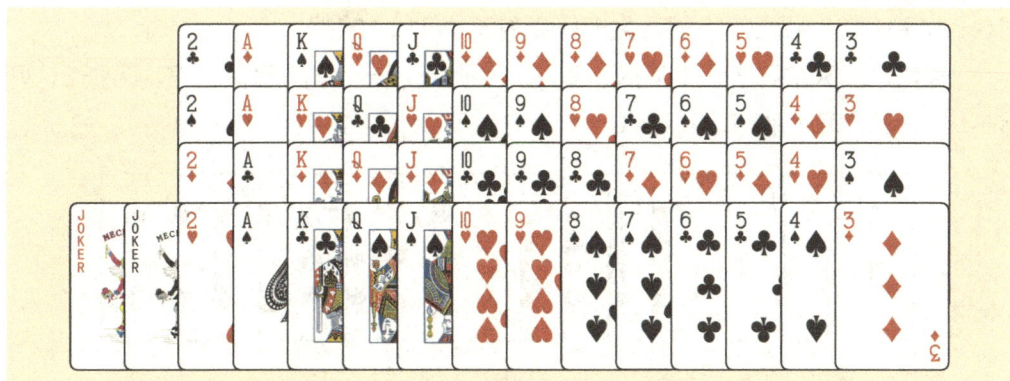

每个点数牌的张数展示图

3.3.2 记牌技巧讲解

记牌与算牌是斗地主玩家的基本功。本小节将为大家讲解斗地主的记牌技巧。

◇ 记缺牌

将按点数大小排序的牌与自己的手牌进行比较，然后做"减法"，得出缺少哪些点数的牌，并记住。

例如，玩家拿到了以下手牌，对比给出的扑克牌点数排序图，然后做减法，就能知道手牌里缺了3、4、9、K、2、大王等牌。这时，作为一个合格的斗地主玩家，就需要把这些缺牌牢牢记住。

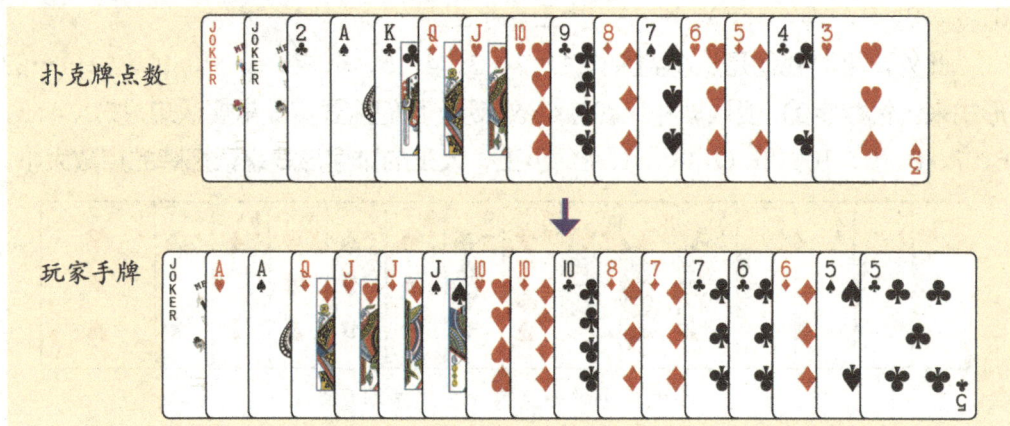

玩家手牌展示图

◇ 记点数较大的牌

在斗地主游戏中，玩家需要记住手牌中点数较大的牌及其具体张数，比如10、J、Q、K、A、2、小王、大王等点数不小于10的牌。

例如，玩家拿到了以下手牌，其中，点数不小于10的牌有大王、两张2、两张A、一张Q和一张J，共7张。

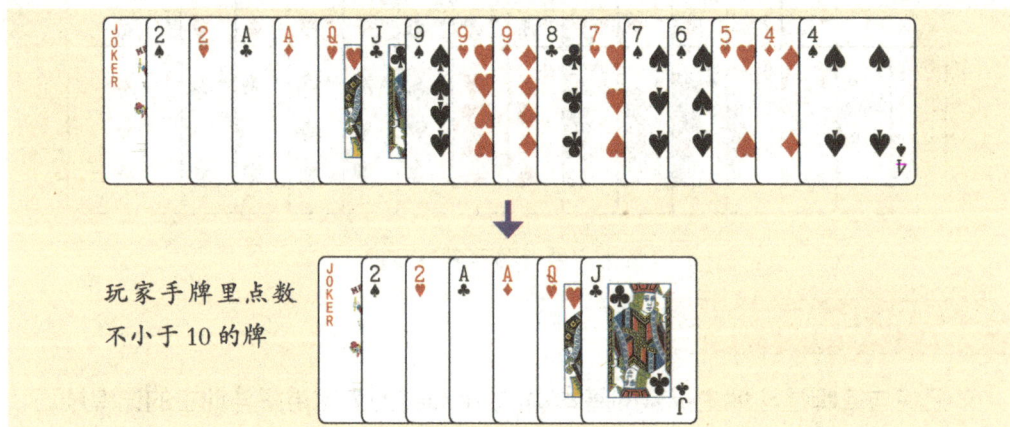

玩家手牌展示图

◇ 记关键牌

除了记缺牌和点数较大的牌之外，玩家还需要记住影响牌型组合的关键牌。

例如，玩家拿到了以下手牌，其中有三张7、一张10，这表明其他玩家手牌中还有关键牌 7、10，可能存在顺子。

关键牌 7 和 10

玩家手牌展示图

◇ 分段记牌

在未确定地主时，玩家的手牌共有 17 张，对初学者来说，对手牌进行整体记忆是有难度的。因此，玩家可分段记牌，即将手牌分成 3~7、8~9、10~A、2、双王等五段。

其中，3~7、10~A 是以组顺子为分段依据，并且都可以和 8、9 组合，而 2 与双王则作为点数较大的牌单独存在。

例如，玩家拿到了以下手牌，对手牌进行分段记忆。注意，只需根据手牌的点数来分段，能分几段就分几段，不必考虑缺牌。

玩家手牌展示图

玩家刚开始会觉得记牌很难，但只要按照本节讲解的记牌技巧去记忆，并增强记牌意识，玩一段时间的斗地主游戏之后，就基本能掌握斗地主的记牌技巧，这时就会觉得记 54 张牌并没有想象中的那么困难。

3.4 算牌技巧

想要玩好斗地主游戏，玩家就得学会算牌，但是算牌并不容易掌握。算牌离不开记牌，但大部分玩家都无法在短时间内记住其他玩家的出牌情况，因此就需要掌握一些算牌技巧。

3.4.1 算牌基本原则

斗地主算牌的核心是记牌，牢记自己的手牌分别有哪些，记住其他玩家都出了哪些牌。这样，就能对牌进行初步推算。

3.4.2 算牌技巧讲解

算牌是在记牌的基础上进行计算，下面给大家分享一些斗地主算牌技巧。

◇ 根据缺牌算牌

我们可以根据缺牌来推算其他玩家的手牌情况。

一是，根据缺牌来算炸弹存在的可能性。

例如，玩家手牌如下图所示，将其与扑克牌的基本点数对比后，算出手牌缺少 Q、5 两个点数。这时，就初步推断其他玩家手里，可能存在 QQQQ 和 5555 炸弹。

玩家手牌展示图

二是，根据手牌来初步推算其他玩家手中是否存在飞机带翅膀、三带一以及点数高的对子等牌型。

继续使用上面展示的这组手牌，在推算炸弹的存在可能后进一步推算其他牌型。比如7、8、9、10、K、A、2等牌只有一张，我们就可以预判这些牌可能会作为三带一或飞机带翅膀打出。

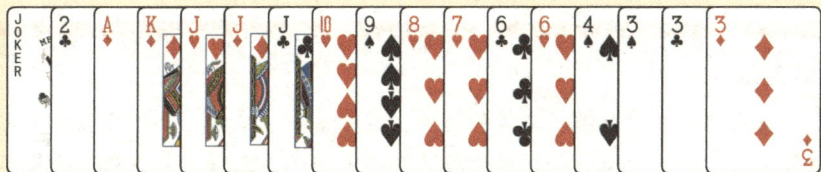

玩家手牌展示图

◇ **根据关键牌算牌**

玩家还可以根据手牌里关键牌7、10的具体张数，来推算其他玩家手里是否有顺子，以及能组成顺子的具体组数。

例如，玩家手牌如下图所示，其中关键牌7有三张，关键牌10有一张。那么，玩家就可以进行初步推算，在其他玩家手里，用数牌3~10组成的顺子只能有一组，而用数牌8~A组成的顺子则有多组。

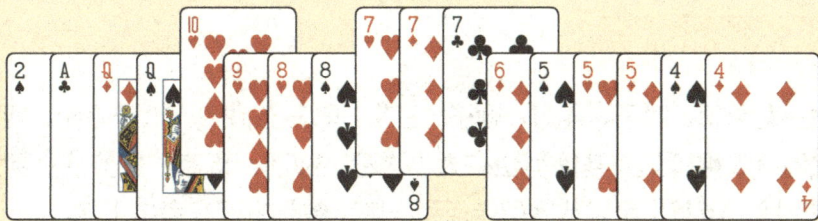

玩家手牌展示图

◇ **根据出牌算牌**

观察其他玩家的出牌，也可以算牌。

例如，玩家手牌如下页图所示，观察手牌可知，缺少数牌9，当看到一个玩家打出单牌9时，就可以初步推算出另一个玩家手里很有可能有三张9。

玩家手牌展示图

♥ **小编说**

在斗地主游戏中掌握基本算牌的能力，是非常有必要的。算牌可以让我们对其他玩家的手牌情况有一个预估，推算炸弹、顺子、三带一、飞机带翅膀等牌型存在的概率，这样就不会对其他玩家的牌型一无所知，出牌也会更加游刃有余。

3.5　出牌技巧

一般来说，玩家拿到好牌就意味着离胜利更近一步。但玩家并不能每次都拿到好牌，所以牌好不如打得好。在玩斗地主时，会碰到各种各样的牌型，而打得好坏就体现在玩家的出牌技巧上。

3.5.1　出牌基本原则

斗地主有单牌、对子、连对、顺子、三带一、三张牌、飞机带翅膀、四带二、炸弹、火箭等多种牌型，各牌型也有大小之分。故而，玩家一般按从小到大的原则来考虑出牌，当然也可以从牌型特点和出牌手数等方面来考虑出牌。

◇ **按牌型大小出牌**

按从小到大的原则出牌，即首先出包含最小牌的牌型。

例如，玩家手牌为以下牌型，根据手牌情况，玩家组成了炸弹2222，对子33、66、99、KK以及单牌4、5、8、Q、小王三种牌型。按照从小到大的出牌原则，玩家可选择出对子或单牌。如果先出单牌4，用小王压牌再次拿到出牌权后，出对子33，尽可能地把分值小的牌先打出去。

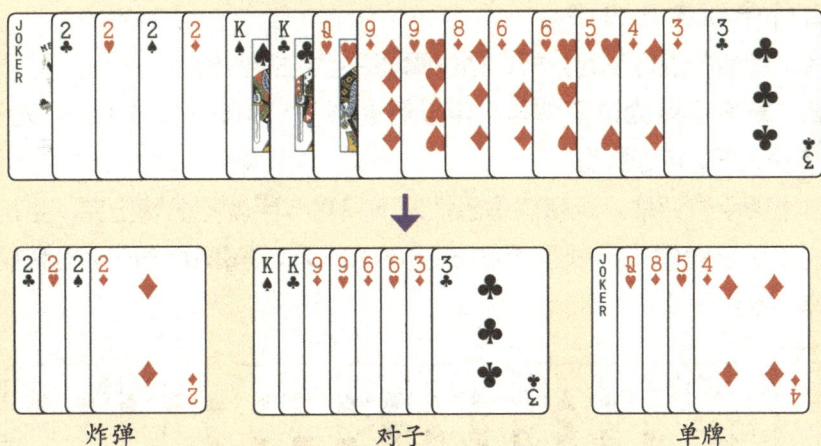

炸弹　　　　　　　　对子　　　　　　　　单牌

玩家手牌展示图

◇ **按牌型特点出牌**

单牌和对子是非常容易组成的牌型，也是出牌较为频繁的牌型，因此玩家可以考虑按牌型特点来出牌。

例如，玩家手牌为以下牌型，根据手牌情况，玩家组成了顺子45678910J，对子33、77、AA以及单牌5、10、2三种牌型。玩家出牌时，可先出单牌5或对子33。

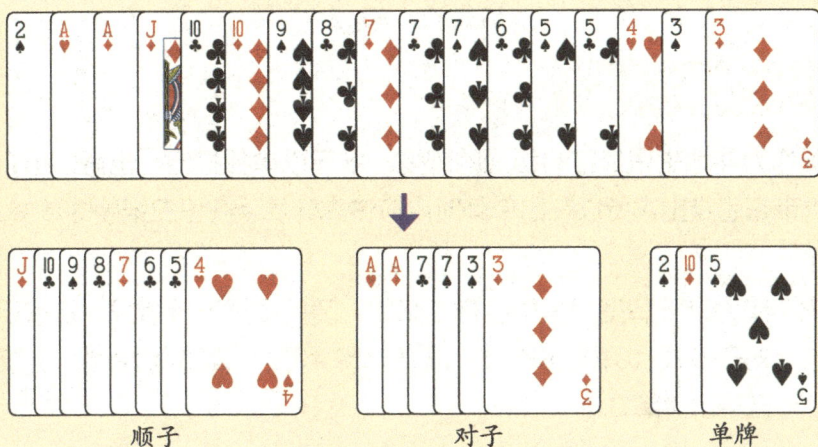

顺子　　　　　　　　对子　　　　　　　　单牌

玩家手牌展示图

◇ **按出牌手数考虑出牌**

结合手牌情况进行手数分析,估算需要几手能把牌出完。

例如,玩家手牌为以下牌型,可以组成顺子8910JQK、45678,对子AA、JJ以及单牌大王、5等牌型。

经过出牌手数评估,玩家在理想情况下只需5手就能把牌出完,当玩家拿到出牌权,就可以考虑先出顺子45678及8910JQK,争取继续取得出牌权,随后再出单牌5或对子JJ。

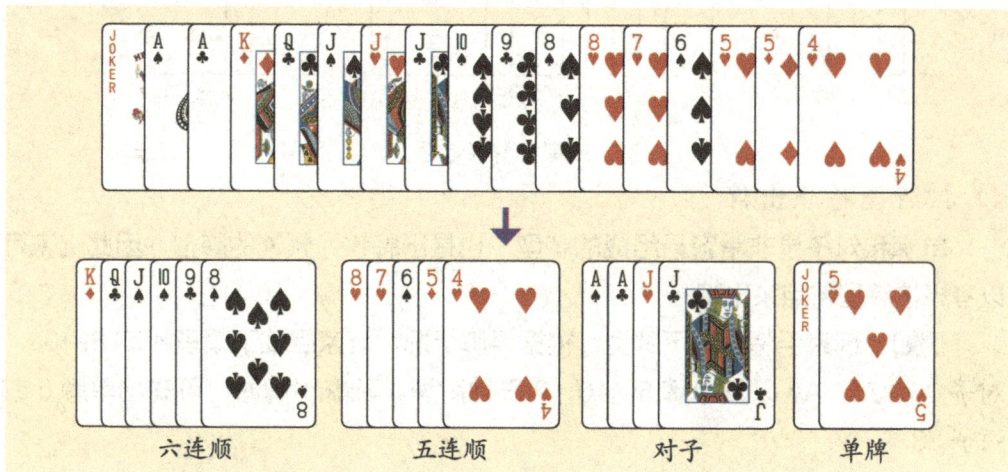

六连顺　　　　五连顺　　　　对子　　　　单牌

玩家手牌展示图

3.5.2　单牌的出牌技巧

单牌作为斗地主里最容易组成的牌型,既可以单独打出,也可以组合成三带一或飞机带翅膀打出。所以在出单牌时,应该先计算手牌里三张牌的数量。

◇ **例1**

玩家手牌为以下牌型,其中没有三张牌。随后根据手牌情况,玩家组成了顺子34567,对子99、1010、KK、22以及单牌A、J、5、3等牌型。若玩家获得出牌权,可直接出单牌3。

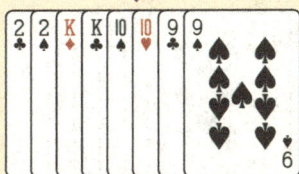

顺子　　　　　　　　　对子　　　　　　　　单牌

玩家手牌展示图

◇ 例 2

玩家手牌为以下牌型，手牌里有多张单牌，同时手牌中也有三张 5、三张 Q，故可以用三张牌搭配单牌组成三带一打出，比如三带一 5554。

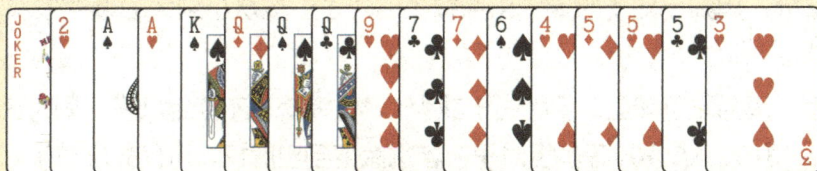

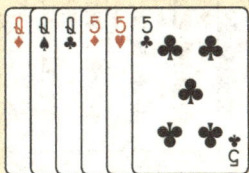

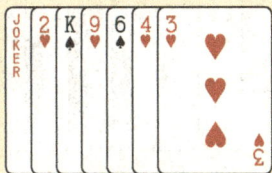

对子　　　　　　　　三张牌　　　　　　　　单牌

玩家手牌展示图

◇ 例 3

玩家手牌为以下牌型，其中有三张牌 888、999。因此，牌型组合后剩下的 4、10、Q、小王等单牌，可与 888999 组成飞机带翅膀牌型，即 888999410。

对子　　　　　相连的三张牌　　　　　顺子　　　　　单牌

玩家手牌展示图

3.5.3　对子的出牌技巧

和单牌一样，对子既可以单独出，也可以组合成三带一或飞机带翅膀等牌型打出。此外，单独出对子时要先出点数小的对子，按从小到大的顺序依次出牌。

◇ 例1

玩家手牌为以下牌型。手牌由于缺少7、Q等牌，不能组顺子。同时还有33、44、88、1010、JJ、KK等多组对子，若玩家得到出牌权，可优先出对子33。

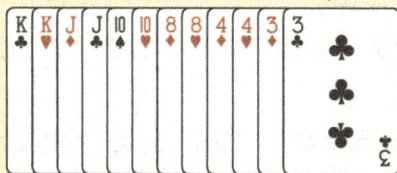

对子　　　　　　　　　　单牌

玩家手牌展示图

◇ 例2

玩家手牌为以下牌型，其中有三张牌555，虽然对子AA在组成顺子10JQKA

后单出一张，但对子 33 相比单牌 A 更难打出。因此，当玩家获得出牌权，可用 555 与 33 组成三带一打出。

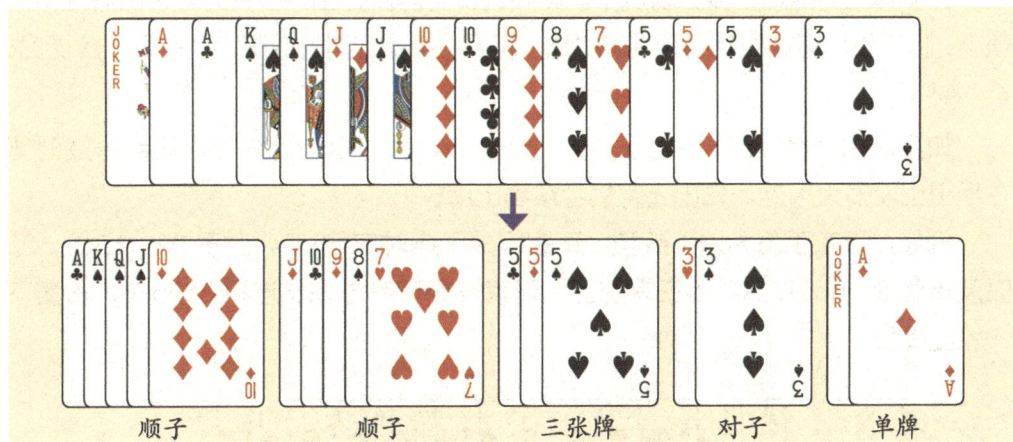

顺子　　顺子　　三张牌　　对子　　单牌

玩家手牌展示图

◇ 例 3

玩家手牌为以下牌型，其中有连续的三张牌 101010、JJJ，同时还有 33、44、66 等小对子。若玩家获得出牌权，可用 101010、JJJ 与小对子 33、44 组成飞机带翅膀打出。

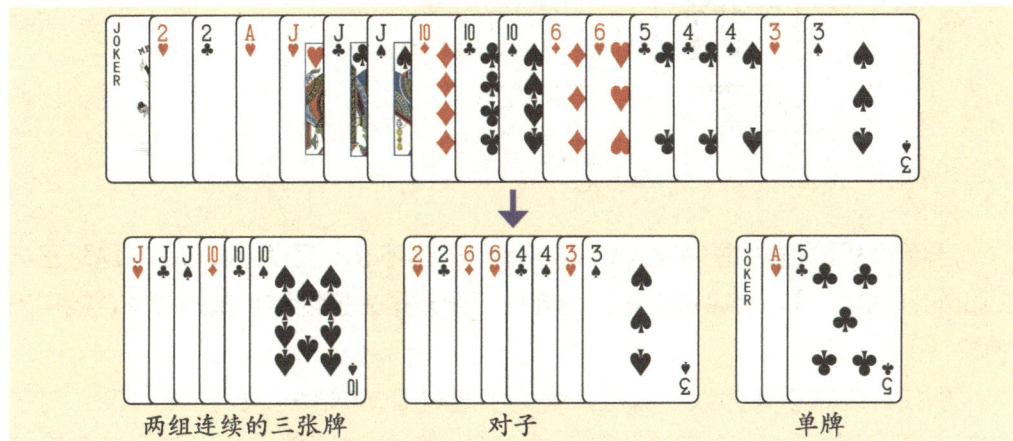

两组连续的三张牌　　对子　　单牌

玩家手牌展示图

♥ 小编说

单牌和对子都可以组成四带二打出，但在多数情况下，四张相同牌都会被用作炸弹，很少会组成四带二的牌型。

3.5.4 连对的出牌技巧

若手牌里有连对，多数情况下玩家会选择开局就打出，因为连对被跟牌的概率很小。但不是所有连对都会开局就打出，需要看组成连对的数牌大小以及手牌情况。

◇ 例 1

如连对由点数 10 以下的小点数数牌组成，就可以考虑先出。因为小连对留在手里也没多大用处，先出还有机会拿到出牌权。

例如，玩家手牌为以下牌型，玩家组成了连对 556677、对子 99、1010、22 以及单牌 3、8、J、A、小王等牌型。玩家开局可考虑先出连对 556677，占据下一轮出牌权。

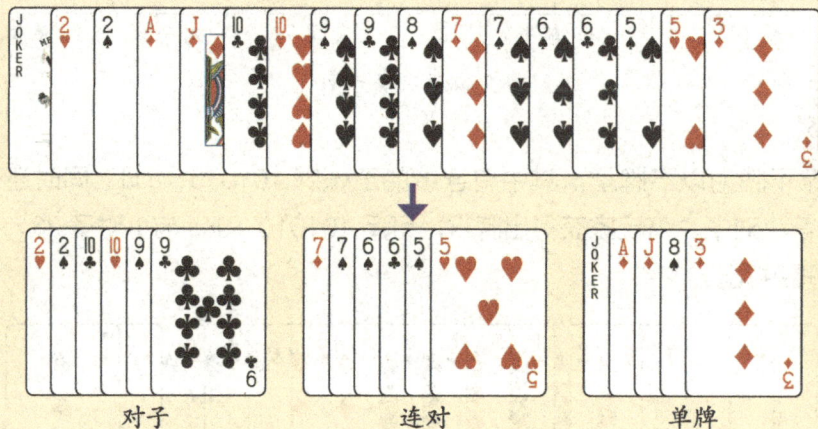

玩家手牌展示图

◇ 例 2

当手牌里的连对是 QQKKAA 时，可以暂时不出。因为 A、K、Q 是除王、2 以外比较大的牌，玩家可以把连对当作三组对子去压制对手出的对子，抢得出牌权。

例如，玩家手牌为以下牌型，组成了连对 QQKKAA，顺子 78910J，对子 33、44 以及单牌 2、大王等牌型。由于手牌里的对子较小，当其余玩家跟牌出数牌 4 以上的对子，玩家若想要拿到出牌权，就可以用对子 AA、KK、QQ 去顶牌。

第三章
斗地主的玩法技巧

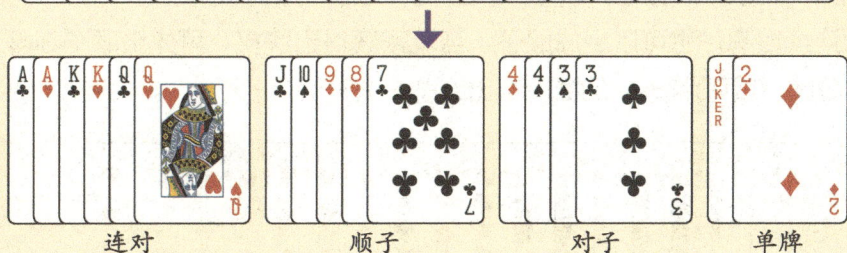

玩家手牌展示图

3.5.5 顺子的出牌技巧

◇ 例1

若顺子的牌力较小，一般不要先出，可先出单牌或者对子，然后一手接一手地出牌，减慢出牌节奏，同时把小牌先打出去，减少出牌手数，随后找准时机拿到出牌权，再出顺子。

例如，玩家手牌为以下牌型，可以组成牌力最小的顺子34567。当玩家获得出牌权，可以先不出顺子，先单牌4，等后续拿到出牌权，再出顺子34567，到时其他玩家可能就无牌可跟了。

玩家手牌展示图

55

◇ 例 2

若玩家手中有牌力偏小的顺子，同时手中还有牌力大的顺子，就可以先出牌力偏小的顺子。

例如，玩家手牌为以下牌型，其中有一组牌力偏小的顺子 34567，同时还有 8~A 的连续数牌，也可以组成顺子。当玩家获得出牌权，可先出顺子 34567，如有玩家跟牌，就可用 8~A 的数牌组出顺子，去顶牌。

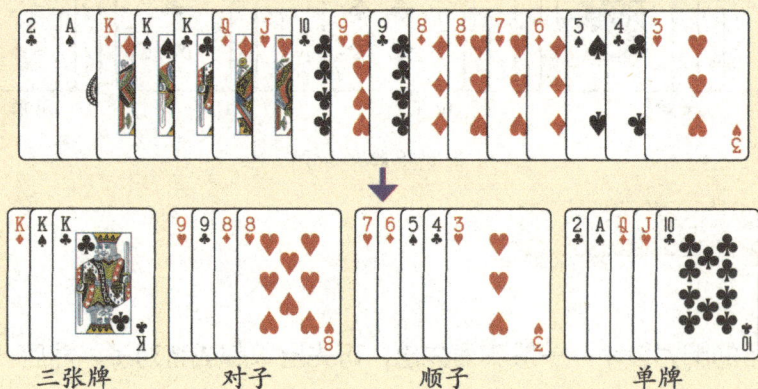

三张牌　　对子　　顺子　　单牌

玩家手牌展示图

◇ 例 3

如果顺子中有数牌 A，玩家可以考虑先出顺子。因为顺子里有数牌 A，在同类型顺子里就是最大的，其他玩家只能用炸弹或者火箭才可以压制。

例如，玩家手牌为以下牌型，其中有一组带数牌 A 的顺子 10JQKA，玩家若获得出牌权，就可考虑先出顺子。

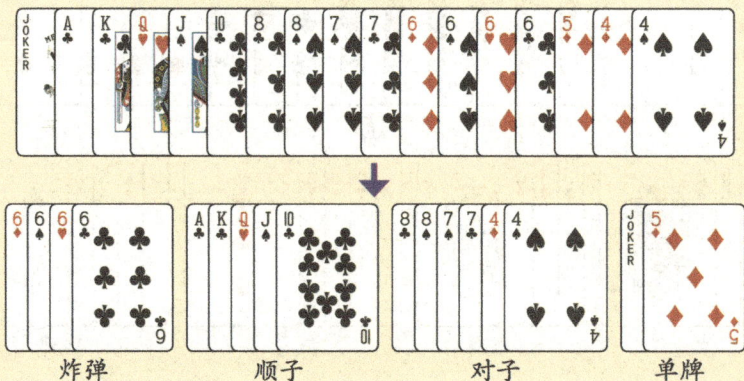

炸弹　　顺子　　对子　　单牌

玩家手牌展示图

◇ 例4

玩家如果可以明确推断出对手没有顺子可跟，就可以考虑先出顺子。

例如，玩家手牌为以下牌型，其中有顺子56789。由于玩家手里有炸弹10101010，其他玩家的手牌就无法组成比56789大的顺子，因此玩家在获得出牌权后就可以考虑先出顺子。

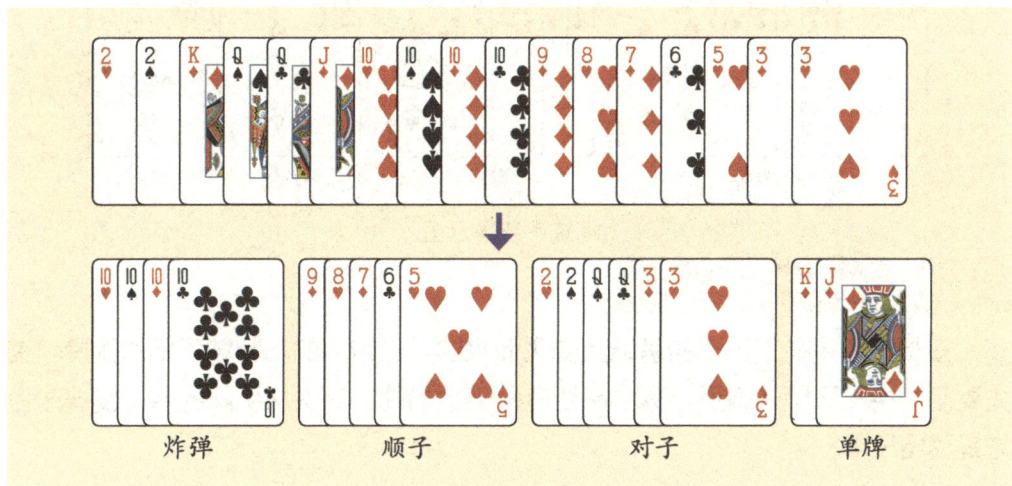

炸弹   顺子   对子   单牌

玩家手牌展示图

玩家需要综合分析自己的手牌以及其他玩家的手牌情况，考虑是否出顺子。需注意，组成顺子的手牌张数越多，牌力就越大，能被对手跟牌的可能性就越小。因此，如果组成顺子的手牌在六张及以上，玩家就不用过度考虑自己和其他玩家的手牌情况，可以直接先出顺子。

3.5.6 三张牌的出牌技巧

在斗地主玩法中，三张牌可以带单牌或对子，组成三带一，也可以不带任何牌，直接打出。

例如，玩家手牌为以下牌型，其中有三张牌555、888、AAA三组，原本三张牌的首选出牌方式是组成三带一后打出，但从玩家手牌的整体情况看，没有适合带的牌，故而三张牌555、888、AAA可不带任何牌，直接打出，按从小到大的顺序出牌。

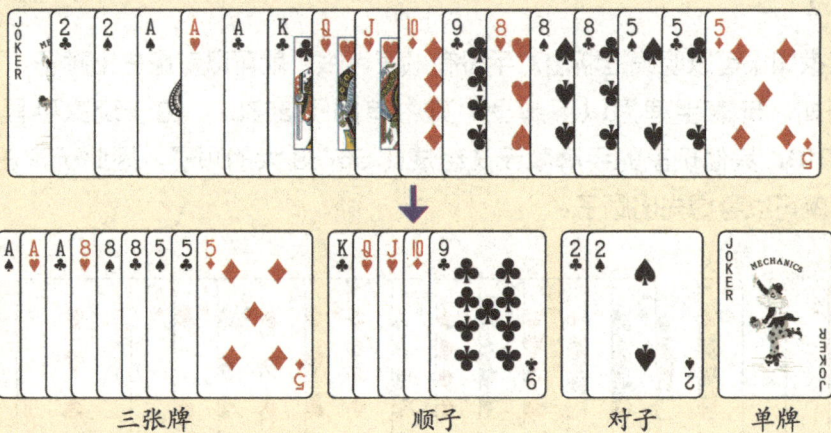

玩家手牌展示图

3.5.7　三带一的出牌技巧

三带一，是在三张牌的基础上变化而来的。三带一的出牌技巧相对简单，首先看手牌中三张牌的数量，其中是否有分值大的牌；其次从手牌的整体情况来考虑是否出三带一。

◇ 例1

在玩斗地主时，很少在第一轮出三带一，除非手牌里还有更大的牌型可以压制其他玩家的跟牌。

例如，玩家手牌为以下牌型，其中有三张牌444、QQQ。玩家若获得出牌权，可先打出4443，如果其他玩家跟牌，直接用QQQ5去压制。

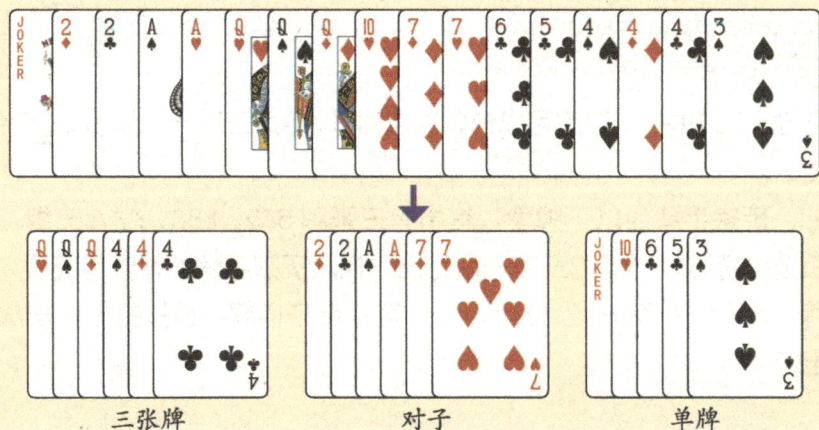

玩家手牌展示图

◇ 例2

　　缺牌情况，也可以作为是否先出三带一的考虑依据。

　　例如，玩家手牌为以下牌型，可以组成连对 778899，三带一 5553，对子
AA 以及单牌 10、J、Q、2、大王等牌型。在有需要的时候可以拆连对，和单牌 Q、
J、10 组顺子，因此玩家获得出牌权后先不出连对，先出用处不大的 5553，等其
他玩家出牌时以同类型的顺子、单牌、对子等压制。

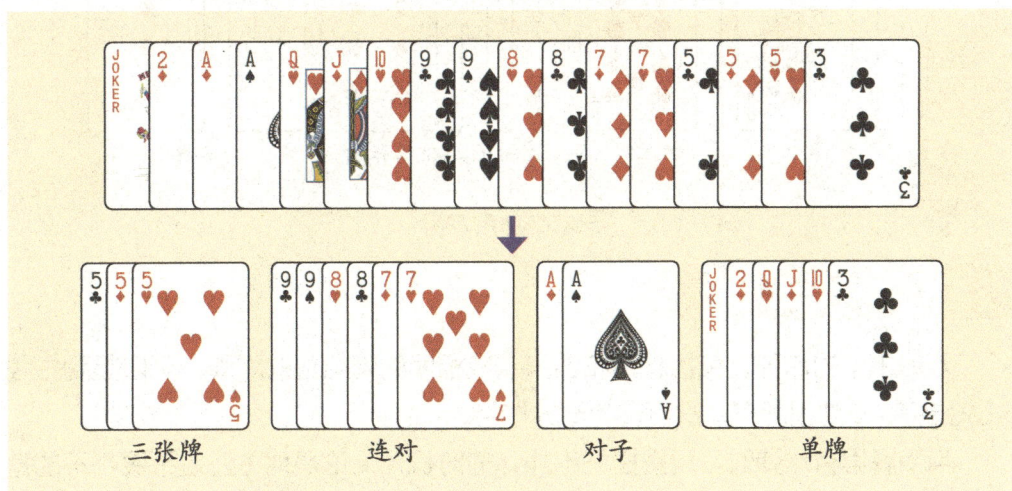

玩家手牌展示图

3.5.8 飞机带翅膀的出牌技巧

　　玩斗地主时三张相同的牌较常见，但连续的三张牌就比较少，因此组成飞机
带翅膀牌型的概率也不是特别高。一旦打出飞机带翅膀，其他玩家跟牌的概率就
很小。如果有飞机带翅膀，可以先出，以免错过出牌机会，而将飞机带翅膀留在
手上。

　　例如，玩家手牌为以下牌型，可以组成炸弹 QQQQ，飞机带翅膀
66677734，对子 1010 以及单牌 5、A、2 等牌型。当玩家获得出牌权，可优先考
虑出飞机带翅膀，占据下一轮的出牌权。

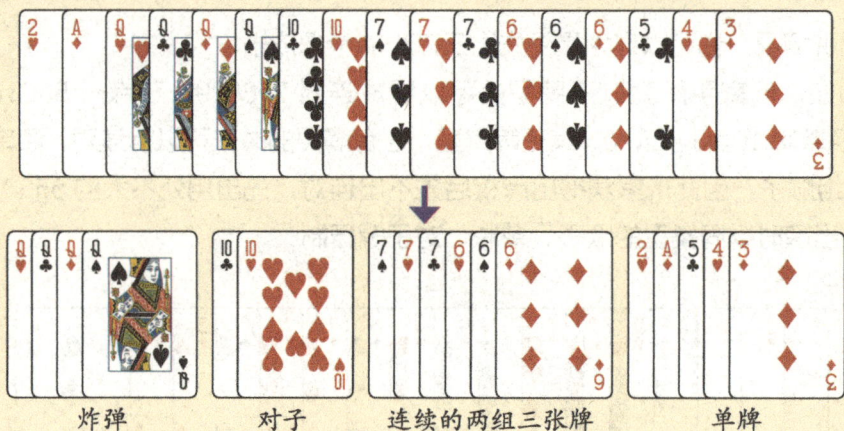

玩家手牌展示图

3.5.9　炸弹的出牌技巧

斗地主中的炸弹，包括火箭和四张点数相同的牌组成的炸弹，可以起到拦截玩家出牌、拿到出牌权以及扭转牌局的作用。

当手牌里有炸弹时，要把握好出炸弹的时机。无论是地主还是平民，不能盲目使用炸弹，把炸弹留在关键时刻再使用，即"好钢使在刀刃上"。需注意，火箭的牌力比四张点数相同的牌组成的炸弹的牌力大。

◇　例1

通常在牌局开始时，玩家是不会考虑出炸弹的，除非遇到特殊情况，比如为防止对手一下子就把手牌出完，就可以出炸弹，来获得出牌权。

例如，玩家手牌为以下牌型，其中大王和小王可以组成火箭。当对手连出几手牌你都要不起，这时对手又出了一手飞机带翅膀，你就要预测到对方即将出完牌，你此时就要及时出火箭，防止对手把手牌出完。

对手

对手出牌

自己出火箭压牌

玩家

玩家手牌展示图

◇ 例2

当对手打出一手大牌后报牌时，若你的手牌里有炸弹，就要及时打出。

例如，玩家手牌为以下牌型，其中有炸弹JJJJ。当你的对手出一手八连顺345678910后报牌，这时你就可以考虑打出炸弹JJJJ，拿到出牌权，不让对手走牌。

对手

对手出牌

自己出炸弹压牌

玩家

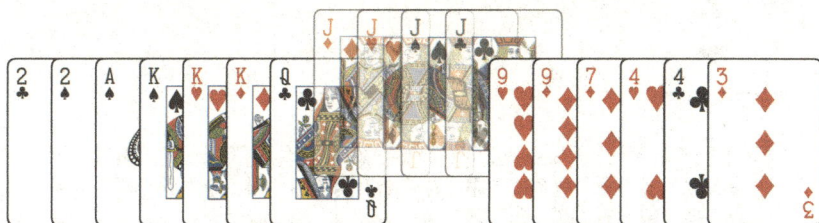

玩家手牌展示图

3.6 跟牌技巧

3.6.1 跟牌基本原则

玩家通常会按牌力的大小顺序从小到大来跟牌，同时也会结合手牌及牌局整体情况来考虑是否跟牌。下面分享一些跟牌原则。

一、如果手中有独立的且与其他玩家所出牌型相同的牌时，可以跟牌。

二、根据牌局情况，数牌2可以组成单牌、对子、三张牌等牌型跟出。

三、当手中没有相同牌型可跟时，如果是同一阵营的其他玩家出的牌，可以选择过牌；如果是对手出的牌，则需考虑拆牌跟出。如果实在没牌可跟，可选择过牌或者打出手里的炸弹。

四、当手牌除去炸弹之后还剩一手牌，如果这手牌与其他玩家所出牌型相同，那么就先跟出，保留炸弹；如果手牌牌型与其他玩家所出牌型不同，就先出炸弹，炸弹被对手压制的可能性不大。

3.6.2 单牌的跟牌技巧

当你的上家出单牌，如果你有单牌，则可考虑顺势跟出小牌或出大牌压制。

例如，手牌为以下牌型，当你的上家出单牌3，你顺势跟出小单牌4，抓住时机把手牌里的小牌打出去。

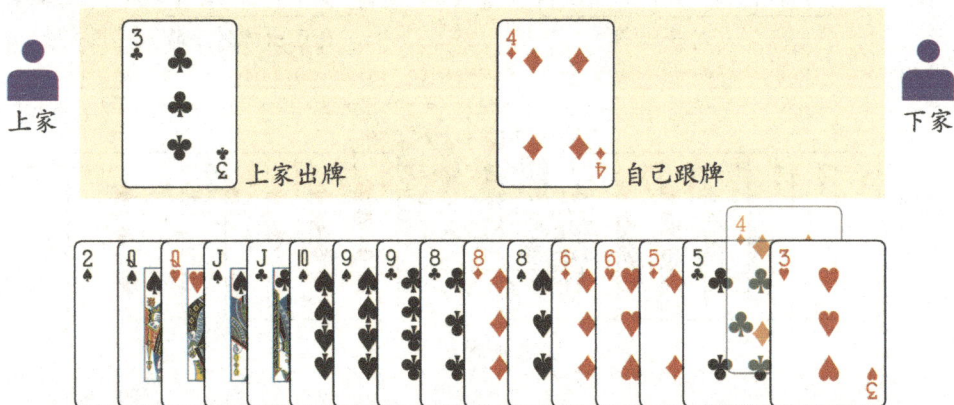

玩家手牌展示图

如果你想拿到出牌权，当你的上家出单牌时，可以用牌力较大的单牌压制，从而拿到出牌权。

例如，手牌为以下牌型，当上家出单牌 4，而你想通过出手牌里的对子、顺子、三带一等牌型，争取牌局胜利，这时就可以选择跟出单牌大王，拿到下一轮的出牌权。

上家   上家出牌   自己跟牌   下家

玩家手牌展示图

3.6.3   对子的跟牌技巧

当你的上家出对子，如果你正好有能跟出的对子，则顺势跟出，努力走牌。

例如，手牌为以下牌型，当你的上家出对子 55，而你也有对子 55，不能跟对子 55，可以跟出对子 77。

上家   上家出牌   自己跟牌   下家

玩家手牌展示图

当你的上家出牌力较小的对子，而你也有可跟的牌力较小的对子，同时还有牌力较大的对子时，可以采用跳张打法，直接用牌力较大的对子跟牌，试探其他玩家是否有更大牌力的对子。

例如，手牌为以下牌型，如果上家出对子 77，这时不要跟对子 99，而直接出对子 AA，看其他玩家是否有对子 22。如果其他玩家没有跟牌，说明对子 22 存在概率很小，那么自己手里的对子 22 就能压制其他对子。

玩家手牌展示图

3.6.4　顺子的跟牌技巧

当你的上家出顺子，如果你正好有同类型的顺子且比上家打出的顺子牌力大，就顺势跟出，占据出牌权。

例如，手牌为以下牌型，其中有顺子 78910J。当你的上家出顺子 34567，这时你就跟出顺子 78910J。

玩家手牌展示图

3.6.5 三带一的跟牌技巧

由于三带一是在三张牌的基础上变化而来的,三张牌和三带一这两种牌型的跟牌技巧基本相同,此处选择三带一来进行讲解。

当你的上家出三带一,如果你正好有同类型的牌且比上家打出的牌大,就顺势跟出,占据出牌权。

例如,手牌为以下牌型,其中有三张 10、三张 Q。如果你的上家出 6663,你就直接跟 1010103,结合手牌情况分析,其他玩家能跟牌的可能性不大。

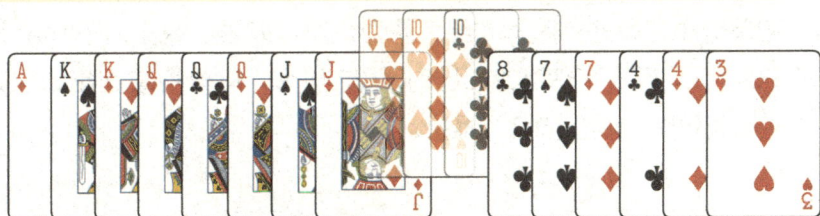

玩家手牌展示图

此外,飞机带翅膀、炸弹这类牌型牌力较大,并且不易组成,一旦有玩家打出,通常是很难跟牌的,因此在本节不做讲解。

关于斗地主的跟牌,总体来说就是看手牌里是否有独立的并与其他玩家所出牌型一样的牌。

如果牌的牌力比其他玩家出的牌大,就可以直接跟出。如果该牌有组成其他牌型的可能性,那么就要考虑手牌的整体情况,选择是保持基本牌型,还是拆牌去组成其他牌型。

3.7 拆牌技巧

玩家在斗地主游戏中也需要用到拆牌技巧。因为在面对不同牌局时,玩家需要采取不同的出牌或跟牌方式，而有时就会碰到没有牌可跟的情况。拆牌就是在牌局的不同阶段，找出合适的出牌或跟牌方式，争取游戏胜利。

学会拆牌，是玩好斗地主的基本功，掌握拆牌技巧则可以帮助玩家左右牌局走向。刚接触斗地主的人可能会简单认为拆牌就是把牌拆开，那么牌到底该怎么拆？拆哪些牌呢？

3.7.1 拆牌基本原则

正确拆牌就意味着离胜利更近一步，如果拆牌不当，就等于给自己或队友挖坑，把胜利让给对手。故而，拆牌需要遵循一定原则，以确保拆牌得当。拆牌的总原则是"大"而"少"，同时还需掌握单牌张数增减技巧。

首先，以"大"优先，即首先考虑拆大牌。玩家通过拆大牌，来压其他玩家的出牌，并占据主动。

例如，手牌为以下牌型，可以组成顺子10JQKA、345678，对子99，三张牌222和单牌小王等四种牌型。结合牌型优势，如果上家出对子66，此时不要跟出对子99，而是拆三张牌222，出对子22压牌，以争取拿到出牌权。随后再出顺子、对子或单牌，逐步向胜利靠拢。

上家出牌　自己跟牌

玩家手牌展示图

其次，拆牌以"少"为主，即通过拆牌，再组合牌，把出牌手数减至最少。

例如，手牌为以下牌型，其中有 8、9、10、J 4 张连续的单牌以及对子 77、QQ。为减少出牌手数，拆牌重点就是对子 77、QQ。

对子 77 的牌力相对较小，而对子 QQ 的牌力就要大很多，可以用来压其他玩家的出牌，玩家有很大概率可以拿到出牌权。相比之下，对子 QQ 比对子 77 的用处更大，故而拆对子 77，组成顺子 78910J。

经过拆牌、组牌，出牌手数由原本的 10 手，减少到了 7 手。如果手牌组成三带一和四带二，那么出牌手数就可减少到 4 手。

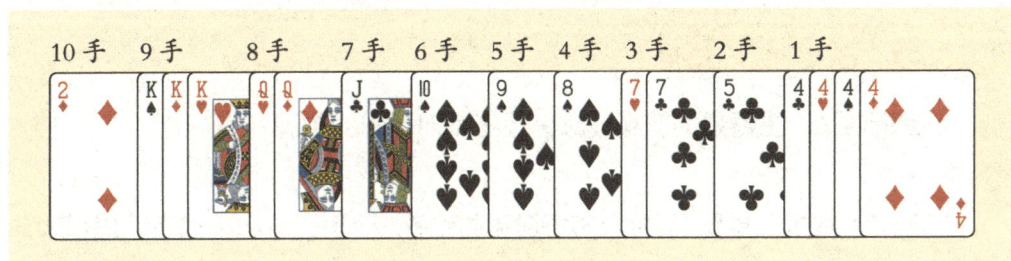

玩家手牌展示图

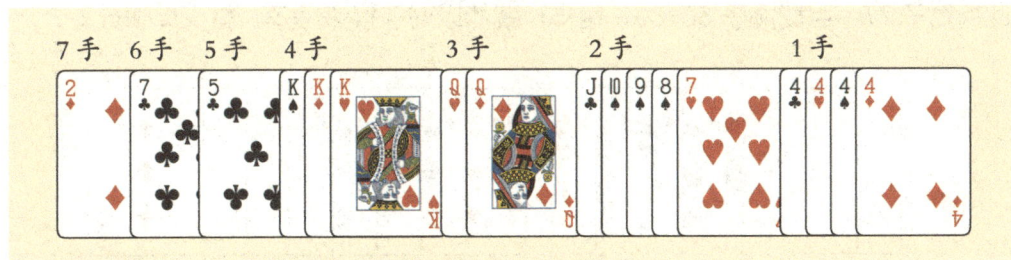

手牌拆牌组合后展示图

最后，还需注意拆牌前与拆牌后的单牌张数增减变化。有时玩家为了组顺子，会拆手牌里的对子或三张牌，如果拆牌之后的单牌数量并没有减少，就不建议拆牌。

例如，手牌为以下牌型，其中有连续数牌 6~10，理论上是可以组成五连顺的。但是，由于数牌 6、8、9 分别是对子，一旦拆牌组成顺子，单牌数量就会由原本的两张变成三张；加上对子 66、88、99 有一定的跟牌能力，因此应放弃拆牌。

玩家手牌展示图

3.7.2 对子的拆牌技巧

玩家拆对子，主要是为了组成顺子或者跟对手出的单牌。

◇ 例1

当手牌里有多张单牌，并能与对子组成顺子，就可以考虑拆对子，以减少单牌数量。

例如，手牌为以下牌型，其中单牌5、6、8、9和数牌7可以组成顺子，因此拆对子77，组成顺子56789。这样，就能以对子换来顺子，减少单牌数量。

玩家手牌展示图

手牌拆牌组合后展示图

◇ 例2

当其他玩家出单牌，自己没有牌力较大的单牌可跟，但想拿到出牌权，就可考虑拆牌力较大的对子，把对子当作两手牌力较大的单牌打出。

例如，手牌为以下牌型，其中主要有对子55、77、1010、KK、22和三张牌444、888。当上家出单牌6，你就可以考虑拆对子22跟牌。

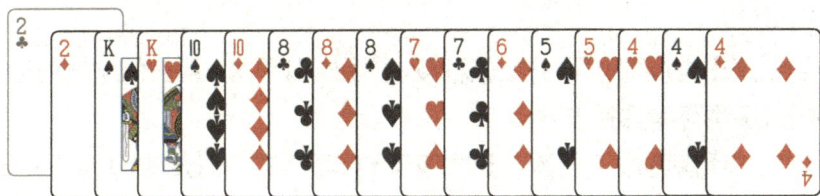

玩家手牌展示图

3.7.3 连对的拆牌技巧

当手牌里有连对，玩家也可以拆连对来跟牌或者用来组成其他牌型。

◇ 例1

当其他玩家打出对子，此时自己没有可跟的单独的对子，只有连对，如有必要就可考虑拆连对。注意，一般考虑拆点数较大的连对，拆点数小的连对，会对后续出牌不利，还会削弱手牌的整体实力。

例如，手牌为以下牌型，其中有33、44、66、QQ、KK、AA等多组对子，其中33、44、66三组对子的牌力都很小。如果其他玩家打出的对子点数在6以下，就顺势跟出对子66；如果其他玩家打出的对子点数在6以上，就要考虑放弃组连对QQKKAA，把它们拆开，分三组对子来打。假如上家出对子77，你就跟出对子QQ，争取拿到出牌权，进而把小对子33、44打出去。

上家

下家

上家出牌

拆连对跟牌

玩家手牌展示图

◇ 例2

当手牌里有连对，同时也发现连对的两端有单牌，且它们与连对能组成顺子，这种情况下也可考虑拆连对。

例如，手牌为以下牌型，其中有连对667788，以及单牌3、4、5、9、10。观察手牌可知，单牌和连对正好可以组顺子，因此拆连对667788，组成顺子345678、678910。

玩家手牌展示图

手牌拆牌组合后展示图

3.7.4　三张牌的拆牌技巧

若玩家手牌有三张牌，可以将其拆成三张单牌或者单牌和对子的形式，具体要根据牌局的实际情况来考虑怎么拆牌。

◇　例1

拆三张牌的首要目的是与其他单牌组成顺子，减少手中的单牌数量。

例如，手牌为以下牌型，其中有两组三张牌 QQQ、AAA。观察手牌可知，玩家有 4 张连续单牌 8、9、10、J，与三张牌 QQQ 正好可以组成五连顺 8910JQ。

这种情况下，玩家就可以考虑把三张 Q 拆出一张单牌来组顺子，剩下的两张 Q 可以作为对子打出。

玩家手牌展示图

手牌拆牌组合后展示图

◇　例2

当手牌里的单牌比较多，且手牌里有三张 2，就从手牌整体情况出发，考虑把三张 2 拆成三张单牌 2，用大单牌去压其他玩家出的单牌，获得出牌权后再出单牌，并继续用单牌 2 压牌。

例如，手牌为以下牌型，其中除了炸弹 4444，最大的牌就是三张牌 222，同时手牌里还有 3、5、7、9 等多张单牌。当其他玩家不断打出单牌时，为了能多走牌，就要考虑拆三张牌 222 跟牌，比如上家出单牌 9，则出单牌 2 跟牌。

上家出牌

拆三张牌 222 跟牌

玩家手牌展示图

拆手里的三张牌，需考虑手牌所组成牌型的整体情况。如果拆牌比不拆牌的优势更大，即拆牌能提升手牌的出牌、跟牌的能力，就果断拆牌；如果拆牌的作用不大，就没必要拆牌。

3.7.5 顺子的拆牌技巧

拆顺子，主要是拆六连及以上的顺子，优先考虑拆点数大的牌。

例如，手牌为以下牌型，其中有一组 6 连顺 8910JQK，当你想拆一张牌跟其他玩家的出牌，可考虑拆出最大的牌 K，剩下的 5 张牌还能作为顺子打出。

玩家手牌展示图

3.7.6 飞机带翅膀的拆牌技巧

若手牌可以组成飞机带翅膀，在考虑其他手牌的情况下，可以把飞机带翅膀拆成三带一，同样要根据牌局的实际情况来进行拆牌。

例如，手牌为以下牌型，其中有三张牌 333、KKK、AAA 等，且 KKKAAA 能组成飞机带翅膀，333 则能组成三带一。当上家出 4443，你没有独立的三带一，可考虑拆飞机带翅膀 KKKAAA，打两手三带一，用 KKK6 跟牌。拆牌后，除了炸弹，KKK6 就是最大的牌，你可以拿到出牌权。

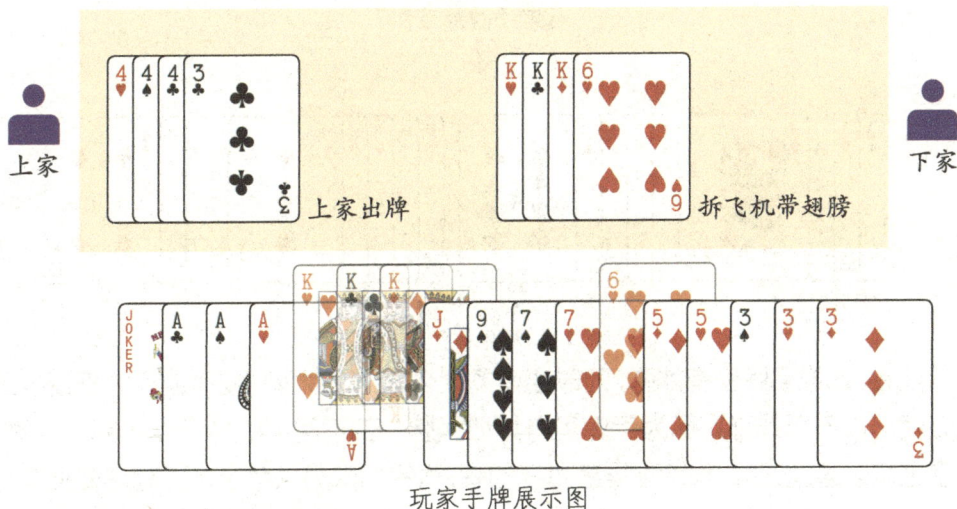

上家　上家出牌　拆飞机带翅膀　下家

玩家手牌展示图

3.7.7　炸弹的拆牌技巧

在玩斗地主游戏时，拿到炸弹牌的概率不会很大。但炸弹具体应该怎么用，是否拆炸弹就需要根据手牌情况来决定。

如果炸弹能与几张单牌组成顺子，且组成炸弹的数牌点数较小，比如炸弹 3333 或 4444，就可以考虑拆炸弹与单牌组成顺子。

例如，手牌为以下牌型，其中有炸弹 4444，以及 3、5、6、7、9、10、K、2、大王等多张单牌。

观察手牌可知，3、5、6、7 这四张单牌与一张 4 能组成顺子。这种情况下，就可以考虑拆炸弹 4444，拆成单牌 4 和三张牌 444，用单牌 4 组成顺子 34567。这样拆炸弹为手牌减去至少四张单牌，增加获胜概率。

玩家手牌展示图

手牌拆牌组合后展示图

　　注意,如果手牌里有炸弹,同时也有多张2、A、K等大牌,或者还有大王或小王,那么就可以不拆炸弹。因为手牌里有其他大牌,就不用担心小牌出不完。当然,玩家也可以通过记牌、算牌去推断对手的牌,再根据牌局来考虑是否有必要拆炸弹。

3.7.8　火箭的拆牌技巧

　　因为火箭的牌力最大,一般情况下玩家都将其当作炸弹使用;但在牌局后期的关键时刻,为了取得牌局胜利,玩家也会把火箭拆开来出牌,以改变牌局,争取胜利。

　　具体拆火箭的内容会在下一章的实战练习中进行详细演示。

> ♥　**小编说**
>
> 　　在斗地主游戏中,要灵活使用各种技巧,不能一成不变。玩家要合理组牌、出牌、跟牌、拆牌,不能为了组牌或出牌乱拆手牌,拆牌要能帮助取得牌局胜利。

斗地主的打法

斗地主是三个玩家分两个阵营的对战游戏，每个阵营的玩法大致上是固定的。玩家在每局游戏中所属阵营不同，就需要采取对应阵营的游戏玩法。

本章将分别从地主和平民的角度，讲解记牌、算牌、出牌、跟牌以及配合等方面的内容，再通过实战练习，加深读者对斗地主打法的理解。

4.1 地主打法

地主需要同时对抗两个平民,只能独自作战。下面讲解在斗地主游戏中,玩家作为地主可以使用的打法。

4.1.1 分析牌局

在斗地主游戏中,地主根据自己的手牌对整个牌局进行初步分析是非常重要的。

首先,地主对平民的牌型未知,所以地主依旧要对自己手牌好坏进行分析,从而分析整个牌局。比如,手牌中是否有炸弹,手牌中是大牌占比多还是小牌占比多,三带一、顺子、对子等牌型是由点数大的牌还是由点数小的牌组成的,最快能几手出完牌等。

◇ 例1

地主所持手牌如下,手牌整体情况还是不错的,虽然没有炸弹或火箭,但有三张牌222、QQQ、888以及连对99101010JJ等牌型。而对子33,单牌5、6等可与三张牌组三带一,因此地主凭借这副手牌容易获得出牌权。

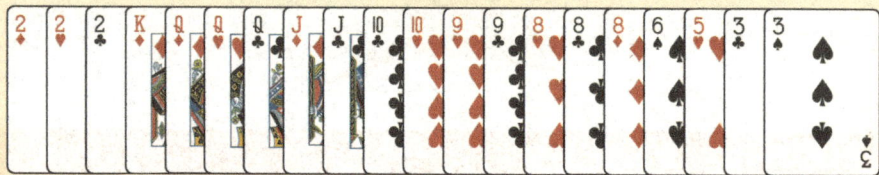

地主手牌展示图

◇ 例2

地主所持手牌如下,其中有大王、小王、2、A等多张大牌,同时还有三张K、三张7,以及对子99、1010、QQ等。地主能接上平民出的大多数牌,整体来看手牌是不错的。

地主手牌展示图

其次，地主玩家还需结合自己的手牌情况，来判断平民手牌的好与坏，以及其手牌中是否存在炸弹等。只要对平民的手牌牌型有了初步了解，地主就能在游戏过程中游刃有余。

◇ 例 3

地主所持手牌如下，其中没有数牌 3 和 9，那么地主就要知道，在平民手里有存在炸弹 3333 或 9999 的可能性。而自己手里没有炸弹，故而在后期的出牌规划上就需要多加考虑，争取获胜。

地主手牌展示图

◇ 例 4

地主所持手牌如下，对手牌进行初步观察分析，可知以下两点。

一是平民手中没有炸弹。

二是地主已经持有双王、对子 22 以及单牌 A、K，平民手中点数最大的牌为 2 且只有两张，加上地主所持这副手牌已组成两组顺子，平民手中的牌型情况相对一般，地主的获胜概率很大。

地主手牌展示图

综上，地主只要对牌局进行初步分析，就能迅速对手牌做出恰当的规划，比如先出哪个牌型，后出哪个牌型。

4.1.2　规划出牌首攻方向

对地主来说，出牌之前对牌局展开初步分析是很有必要的，而规划恰当的出牌首攻方向则是获胜的关键，也关系着地主是否能继续拿到出牌权。

在斗地主实战中，地主有时会面临手牌很好却被平民截断出牌的局面，以致为了拦截平民的出牌而打乱自己牌型，甚至被打反春，这主要是因为地主没有选对出牌首攻方向。

选择出牌的首攻方向，有一定技巧，但关键还是要看手牌情况。手牌情况不同，出牌的首攻方向也不同。比如，手牌里单牌偏多，就可优先考虑出单牌。如果手牌里没有过多单牌，就可考虑出对子、顺子、三带一或连对等牌型。下面通过几组例子来介绍地主如何确定出牌首攻方向。

◇ 例 1

地主所持手牌如下，应该怎样选择首攻方向？

出牌首攻解析：

根据手牌情况，地主先打出单牌，可出单牌 3 或 8。

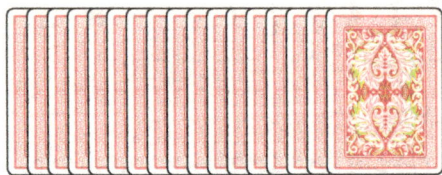

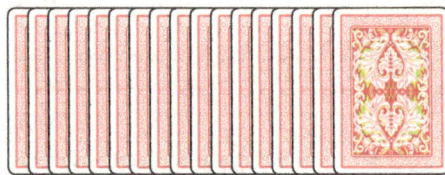

如果出单牌 3，目的在于试探平民是否有炸弹 5555，如果平民跟出小牌，那么也可用单牌 8 来跟牌。

如果出单牌 8，主要是防止平民跟出小单牌。打出大点数的单牌，有助于把平民手里的 2 和大王引出来，一旦引出，那么地主手里的小王或 2 就是除炸弹之外仅有的大牌，而地主获胜机会就更大。至于地主手里的小单牌 3 和 4，则可以和 JJJ、AAA、222 一起组三带一打出。

◇ 例 2

地主所持手牌如下，应该怎样选择首攻方向？

出牌首攻解析：

根据手牌情况，先出连对 445566，避免被平民打反春。

先出连对 445566，一般是不会被轻易跟牌的，并且对手也不会选择第一手牌就使用炸弹，只要平民无牌可跟，地主就可接着打出顺子 8910JQK。

地主第二手牌选择出顺子 8910JQK，这组顺子最大的牌是 K，其他玩家想要跟牌，要么出带有 A 的顺子，要么就只能出炸弹，地主可以同时试探是否存在炸弹 AAAA 和 3333。

◇ 例3

地主所持手牌如下，应该怎样选择首攻方向？

出牌首攻解析：

经过观察，可知手牌里有多组对子且点数较小，故考虑先出牌力最弱的对子，先出对子33。

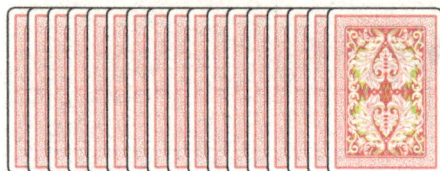

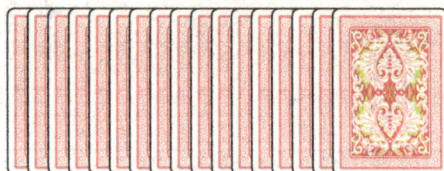

地主先出对子33，是希望平民能跟牌出小对子，从而让自己手里的对子66、77、99、QQ、AA等能顺利打出。即便平民拿到出牌权，在他们出单牌或三带一时，地主依然有牌可以顶上。

◇ 例4

地主所持手牌如下，应该怎样选择首攻方向？

出牌首攻解析：

观察手牌情况，确定地主先出三带一3334。

地主

下家

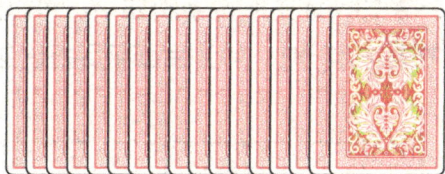

上家

作为三带一中最小的牌，3334 没有任何顶牌优势，但可以用来试探。

地主先出三带一 3334，如果平民不跟牌，说明他们手中要么没有三带一，要么该牌型中的牌与其他牌有另外搭配，不能拆牌。地主随后再顺势出 5556，以及对子、单牌等，火箭留在牌局后期关键时刻再出。

地主先出 3334，如果平民跟牌，就看平民跟的牌是否是地主手中缺少的 9 和 Q，如果不是，就需要考虑炸弹的存在。随后只要平民打出对子或单牌，地主就跟牌，争取重新拿到出牌权。

通过上述几组手牌的首攻方向选择演示，我们可以知道找到恰当的出牌首攻方向，实际上是在为后续出牌规划出牌思路。即便地主在牌局开始对平民的手牌情况知之甚少，只要地主的手牌不差并能找到正确的首攻方向，就有机会获胜。

4.1.3 记牌与算牌

地主没有队友帮衬，只能靠自己去赢得胜利，记牌与算牌就显得尤为重要。

当玩家在抢到地主后，需要尽快进入角色，同时转变玩游戏的思维。地主需要具备随时记牌、算牌的意识。

◇ 记牌

玩斗地主过程中记牌是很重要的，对地主来说，胜利在很大程度上靠记牌。地主要记住自己的手牌，哪些是大牌，哪些是小牌，大牌和小牌的张数等，这都依赖记牌。

首先，地主需要记住自己手里的缺牌，关键在于做"减法"。

例如，地主所持手牌如下，可以知道地主缺少小王、Q、5这三张牌，这时就需要牢牢记住，等到后面平民打出这三张牌，再进行排除。

地主手牌展示图

其次，地主还要记住手中已有的牌各有多少张。

比如，上述牌型中，除去手牌里缺少的牌，其他牌各有 1 张、2 张和 3 张。

地主手牌展示图

最后，地主还要记住手牌中分别有哪些大牌。

比如，上述牌型中点数在 K 及 K 以上的大牌有单牌大王，对子 22，三张牌

AAA 和 KKK。总体来说，地主拿到的大牌足够多。

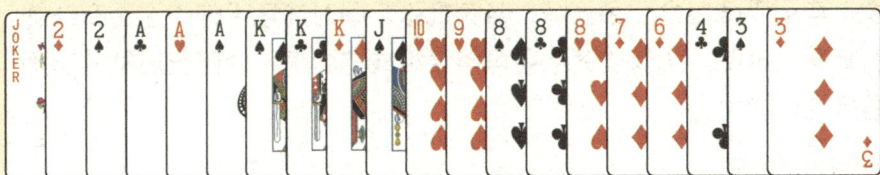

地主手牌展示图

◇ 算牌

地主具备了基本的记牌能力，下一步就需要初步算牌。

第一，估算平民手里可能存在的炸弹。

例如，地主所持手牌如下，根据手牌可知，地主缺少 8、J、K 等牌，可以初步推断平民手里有可能有炸弹 8888、JJJJ 或 KKKK 等。

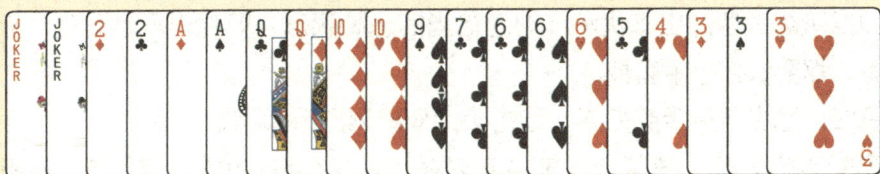

地主手牌展示图

此外，地主还可以根据手牌的各自张数，计算出哪些牌各自有一到三张被平民持有，同时初步推算平民可能持有的牌型，并排除某些牌型。

第二，地主结合下图中的手牌，还可以初步推断平民手牌可以组成的牌型，比如 3～A 的顺子、单牌，4～5 或 7～9 的三张牌、单牌或对子以及 7～A 的连对、对子等。

如果地主首攻出单牌 4，而平民跟出 8、J 或 K，这时就可以排除一组炸弹。如果地主首攻出 34567，平民用 56789 或 10JQKA 顶上，同样可以排除炸弹。

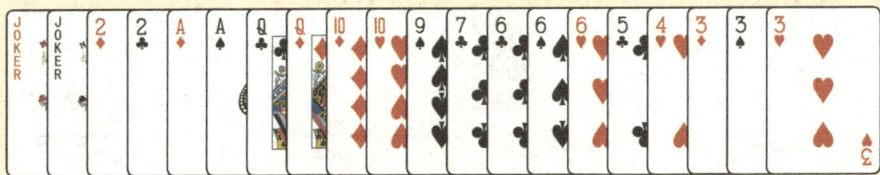

地主手牌展示图

综上，由于地主需要对抗两个平民，因此为了获得牌局胜利，就要从自己手牌出发，牢记手牌包含了哪些牌，各有几张，同时注意手牌中是否有缺牌。在心中进行计算、排除，初步估算平民可能会组成的牌型，为自己后续的出牌、拆牌提供更多的可能性。

4.1.4 出牌

由第二章讲解的斗地主出牌的相关内容可知，出牌涉及出牌顺序规划、跟牌、过牌等内容，过牌可看作一种让牌行为。

本小节主要介绍地主的出牌技巧，将从规划牌型打出顺序、跟牌等内容入手，展开讲解。而关于地主让牌的相关内容，则在介绍地主的出牌后，再做单独介绍。

◇ 规划牌型打出顺序

在斗地主游戏中，地主拿到手牌，要先进行整理，将手牌组成恰当的出牌牌型，随后根据所组牌型的出牌优势，规划恰当的出牌顺序，即先出哪种牌型，后出哪些牌型，都要做到心中有数。

例如，地主所持手牌如下，地主该如何规划出牌顺序？

观察手牌可知，数牌 3～7 中有对子 44、77，有单牌 3、5、6，可拆对子 44、77 组顺子 34567。整合手牌，可以组成炸弹 AAAA，火箭，顺子 34567，对子 22、JJ 以及单牌 4、7、9、10、Q 等牌型。地主可考虑先出单牌，等打出一部分单牌，拿到出牌权，再改出顺子、对子等牌型。

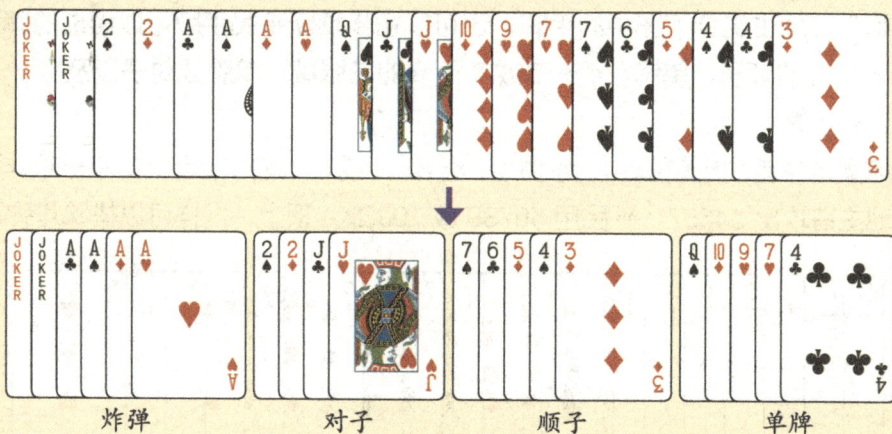

地主手牌展示图

又如，地主所持手牌如下，地主该如何规划出牌顺序？

观察手牌可知，手牌因缺少6、8、Q等牌无法组顺子，如果拆三张牌JJJ组连对991010JJ，就会留下单牌J，增加了单牌数量，所以保留三张牌JJJ。这副手牌组成了火箭，三张牌444、JJJ、AAA，对子99、1010以及单牌3、5、7、K、2等牌型。地主可考虑先用三张牌组三带一出牌，随后再出对子、单牌。

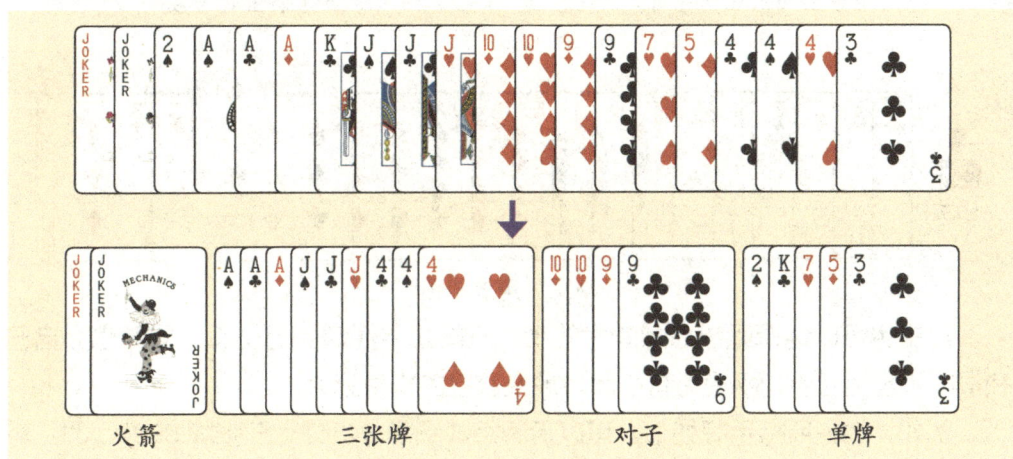

地主手牌展示图

◇ 跟牌

地主有开局出牌权，但不能确保每一轮都能拿到出牌权，所以地主也需要考虑跟牌。当平民出牌，如果地主手中正好有同类型且独立的牌，可选择跟牌，以免留下太多牌。地主跟牌，一般会采用顺势跟出小牌以及跳张跟出点数大的牌等方式。

例如，地主所持手牌如下，在数牌3～7内有三组对子、两张单牌，同时有1010、KK、AA等大牌对子，因此不拆对子33、55、77。若地主首攻出单牌4，上家出大王顶牌并拿到出牌权，随后上家出对子44，由于地主手里小对子偏多，所以顺势跟出对子55。

上家压牌后出对子 44　　　　地主跟出对子 55

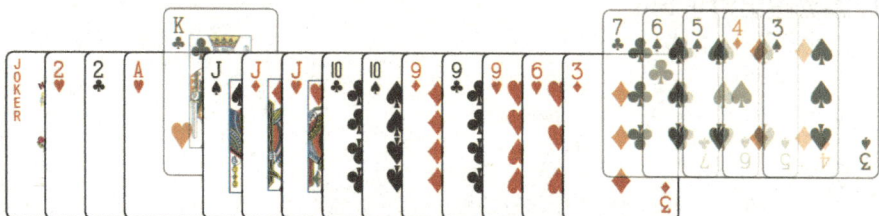

地主手牌展示图

　　地主也可以选择跟出点数较大的牌，来防止平民顺势出小牌，同时也为自己在报牌阶段留后手，平民留有小牌，地主获胜的概率就大。

　　例如，地主所持手牌如下，可以拆牌组成顺子 34567，三张牌 999、JJJ，对子 1010、22，以及单牌 3、6、K、A、大王等牌型。当地主首攻出顺子 34567，上家跟出 678910 并拿到出牌权，随后出单牌 3。这时，地主虽然有小单牌 6，但是为了不让下家跟出小单牌，地主选择跟出单牌 K，而手里的单牌 3、6 则可以与三张牌 999、JJJ 组三带一。

上家压牌后出单牌 3　　　　地主跟出单牌 K

地主手牌展示图

地主还可以跟出大王、小王、2、A等大牌，直接拿到出牌权。

例如，地主所持手牌如下，组成了飞机带翅膀77788836，三张牌222，对子55、KK、AA，以及单牌10、Q、大王等牌型。地主首攻出飞机带翅膀77788836，上家出炸弹4444并拿到出牌权，随后出对子66。这时，地主直接出对子AA，拿回出牌权。

上家压牌后出对子66　　　　　地主跟出对子AA

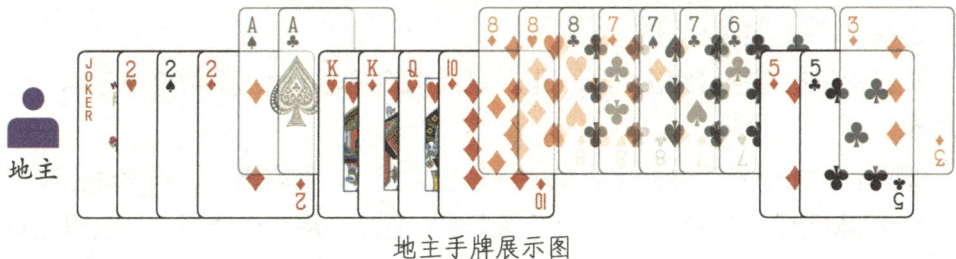

地主手牌展示图

4.1.5　让牌

在斗地主游戏过程中，地主也要学会让牌。如果地主一直跟牌，那么就可能会破坏牌型，影响取得牌局胜利。地主让牌，有时候是有牌不跟，有时候是有拆不跟。

◇　有牌不跟，选择让牌

地主有可跟牌型，却选择让牌，主要是为了迷惑平民，隐藏牌型。

例如，地主还有可跟牌型，当上家出顺子34567，地主可选择不跟牌，让上家继续出牌。地主可以等手牌只剩2、2、5、6、7、8、9时，打对子22拿到出牌权。这时，由于地主手中有多张牌，不需报牌，但实际上只有一手牌，就能迷惑平民，一旦平民选择过牌，地主就能直接取得胜利。

上家

下家

上家出顺子 34567　　　　地主不跟，选择让牌

地主

地主部分手牌展示图

◇ **有拆不跟，选择让牌**

若地主没有可直接跟出的牌，但是可以拆牌跟时，地主需要考虑不拆，让平民出牌。

例如，地主所持手牌如下，地主首攻出单牌 4，上家出 Q。虽然地主有对子22，但不必拆对子 22 去压牌，让平民出牌。后续平民打出对子，地主再出对子22，以期拿到出牌权。

上家

下家

上家跟出 Q　　　　　　　　　　地主不跟，选择让牌

地主

地主手牌展示图

4.2 平民打法

地主一对二，平民二打一。两位平民只要配合得当，就有机会获得牌局胜利。下面介绍平民应该采用的斗地主打法。

4.2.1 明确角色定位

确定地主后，另外两位玩家就是平民。根据出牌的顺序，坐在地主左手边的平民为上家，坐在地主右手边的平民为下家。上家和下家在斗地主游戏中有各自的角色定位。

◇ 上家

在斗地主中，上家需要胆大心细，谨慎出牌。其首要职责就是利用手牌去顶住地主打出的牌，因此上家有时也会被叫作顶家。

上家在顶牌时，常用的打法就是干扰地主出牌，用手里的大牌牵制地主，以打乱地主牌型，甚至让地主拆炸弹。

此外，上家还要观察地主和下家的出牌，谨慎出牌，打出对下家有利的牌型。

◇ 下家

在斗地主中，下家的主要任务是努力走牌以及给上家创造出牌机会。

在某些时候下家同样要有顶地主出牌的意识，不能把顶牌的任务全部交给上家，下家与上家是需要配合的。

注意，若发现上家没有去顶地主的出牌，下家就要及时推断出上家的手牌可能相对较差，没有可用大牌，这时就需要主动顶牌，扭转牌局，上家则给下家打辅助。

4.2.2 记牌与算牌

平民的记牌、算牌和地主的记牌、算牌，理论上是基本一致的，但在实际操作中平民有记牌和算牌侧重点。

◇ 记牌

与地主一样，平民依然需要记住自己手里的缺牌、已有的牌以及拿到的大王、小王、2、A、K等大牌的数量。

例如，下家所持手牌如下，手牌中缺少 6、K、大王、小王等牌，大牌只有单牌 2 和对子 AA，同时还有三张牌 333、QQQ，顺子 78910J，对子 44 以及单牌 5，这些信息下家都需要牢记。

下家手牌展示图

平民除了要记住手牌里的缺牌，还需要记住发牌时翻出的明牌以及三张底牌，这四张牌是平民必须要记住的重要牌，这些可以用作后面算牌的依据。

若地主拿到的明牌是 6，底牌是 2、7、A，平民就要把这四张牌记住。

地主　明牌　底牌　　　　　　　上家

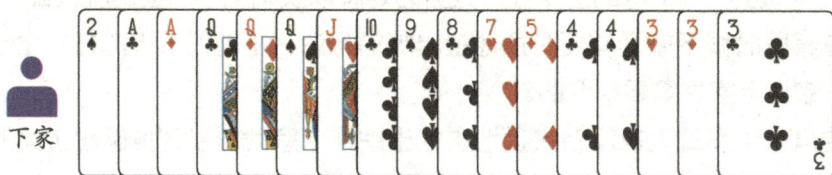

下家

下家手牌展示图

◇ 算牌

平民算牌时，要结合自己的手牌、地主拿到的底牌以及翻出的明牌等综合推断。

例如，上家所持手牌如下，下家通过手牌情况，再结合明牌与底牌，可以初步推断出以下内容。

第一，自己缺 K、大王和小王，并且明牌和底牌里没有出现 K、大王和小王，所以在地主和下家手里有可能存在炸弹 KKKK 或火箭，上家可以通过后续出牌来逐一排除。

第二，自己手里有对子 55，且地主的明牌和底牌各有一张 5，故而队友的手牌缺 5。

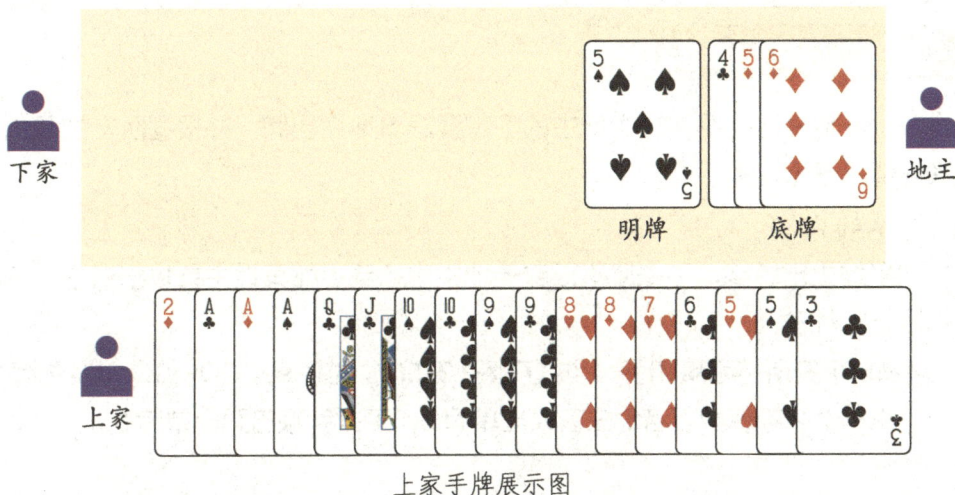

上家手牌展示图

从上述内容可知，平民算牌有时会比地主更精准一些，比如可以推断出队友手里的缺牌。这是因为平民除了记住手牌，还记住了发牌时翻出的明牌和底牌。所以，若拿到平民身份，一定要记住明牌和底牌分别有哪些。

4.2.3　上家与下家的配合

下家和上家同是平民，需要共同对抗地主。如果在玩斗地主过程中你的身份是平民，就需要和队友配合，即使手牌情况不好，也应尽量给队友创造出牌机会，让队友带你获得胜利。故而，平民的相互配合十分重要。

下面给大家介绍平民该怎样相互配合。

◇ 下家不顶，上家不放

平民常用的配合打法是"下家控牌，上家防守"，简单来说就是下家出牌的时候上家不顶牌，上家出牌的时候下家不放牌。

◇ 合理让牌

斗地主并不像打"三人跑得快"扑克牌游戏那样，玩家各自为战，见牌就跟，谁最快把牌出完谁就获胜。斗地主是平民与地主的对抗游戏，平民要相互配合，也要学会合理隐藏牌型，留后手，因此平民要合理让牌，确保手中牌型的多样性，以能应对地主出的多种牌型。

在玩斗地主时，平民作为地主的下家要跟着地主出牌，并根据队友的需求以及牌局情况考虑让牌。

◇　下家的出牌

如果地主出单牌，下家就可以跟着地主出单牌；如果地主首攻出对子，下家同样跟着出对子。

例如，下家所持手牌如下，组成了顺子34567，对子99、QQ、KK，以及单牌3、5、7、J、A、2等牌型。若地主首攻出单牌3，下家就顺势跟出单牌5。

地主出单牌3　　　下家跟出单牌5

下家手牌展示图

若地主出单牌，下家还可以选择拆2顶牌，以期拿到出牌权，为队友提供出小牌的机会。

例如，下家所剩手牌如下，此时地主出单牌8，下家拆2顶牌，拿到出牌权，随后打出单牌4，给队友提供出小牌的机会。

地主出单牌8

下家拆
2顶牌

下家部分手牌展示图

此外，假如上家拿到出牌权，同时打出了小单牌，而地主也跟出单牌，此时如果下家还有多张单牌，就可以考虑跟出单牌；如果上家出对子，那么下家也可以选择跟出对子。

注意，在整局牌中由于平民拦截地主出牌，地主没怎么打出单牌或对子。因此下家报牌时，可以有针对性地选择报单或报双。

◇　下家的让牌

下家在有牌可跟的情况下，选择让牌，通常是为了给队友提供出牌的机会，让队友走牌，争取获胜。

例如，下家所持手牌如下，如果地主首攻出单牌3，虽然下家也有单牌，但由于牌型较差，并且推算出队友的牌型应该不差，因此可以考虑不跟地主的牌，让队友过小牌，比如小牌4。

地主出单牌 3

下家让牌，让上家过小牌 4

下家手牌展示图

有时，下家选择不跟地主的牌，也是为了留后手。

例如，地主和下家剩的牌如下，由于下家还有其他单牌，当地主选择拆对子 22 压下家出的 A 时，下家先不要急于用小王去压地主的第一张 2，让地主出牌，等后面地主出单牌时，下家再出小王。

如果下家直接用小王去压地主的第一张 2，地主出大王，随后地主再出单牌 2，平民手里就没牌可跟了，只能眼睁睁地看着地主出完最后一手牌，获得胜利。

地主拆对子 22 出牌

下家出单牌 A

地主与下家的部分手牌展示图

4.2.5　上家的出牌与让牌

上家出牌以顶地主的牌为主，尽可能地拦截地主过小单牌和小对子。上家让牌则需要看队友的需求以及自己的手牌情况。

◇　上家的出牌

如果地主出单牌，下家跟出，上家就要出大牌顶牌，拿到出牌权后改出对子或除单牌以外的牌型，避免地主过单牌。

例如，上家所持手牌如下，当地主出单牌 4，下家跟出单牌 5，上家则出单牌 2 顶牌。这时，除了地主没有比 2 大的牌之外，也可能是地主手里有火箭但不想出。上家获得出牌权后打出顺子 678910J，以试探地主是否有火箭。

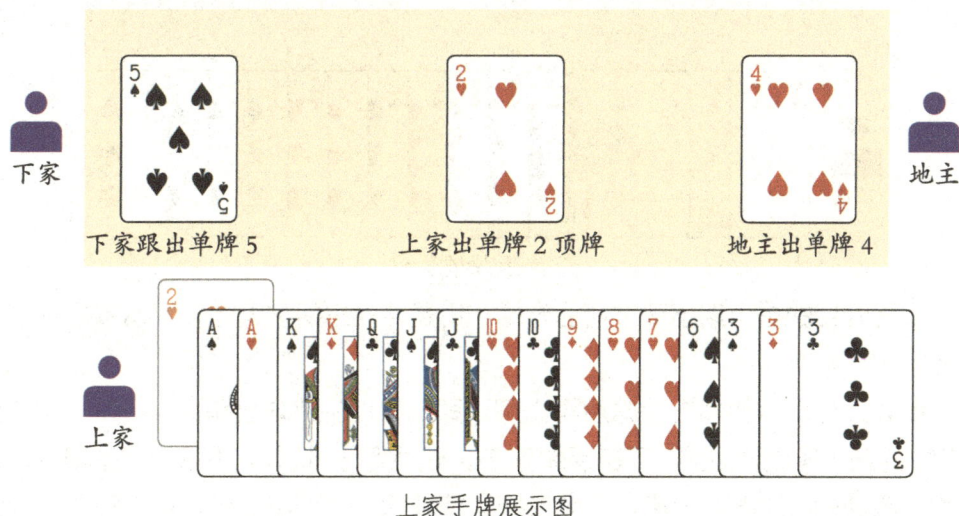

下家跟出单牌 5　　　上家出单牌 2 顶牌　　　地主出单牌 4

上家手牌展示图

在地主出对子的时候，如果下家跟出点数在 10 及以上的对子时，上家就要明白下家在顶牌，然后考虑放弃跟牌。如果下家跟出点数在 10 以下的小对子，那么上家就要出大对子顶牌。

例如，上家所持手牌如下，地主首攻出对子 44，下家跟出对子 66，上家的牌型较为完整，故出对子 KK 去顶地主的牌，逼地主出大对子。假如地主过牌，那么上家就拿到出牌权。

下家跟出对子 66　　　　上家出对子 KK 顶牌　　　　地主出对子 44

上家手牌展示图

　　上面介绍的是上家出牌常用的方式，也是斗地主初学者比较容易掌握的出牌方式。

　　此外，上家需要多方考虑后再出牌。即如果地主首攻出单牌 4，而下家选择过牌，这时上家就要想到，下家手牌存在的不同情况。比如，下家的牌型很完整，手中没有单牌。这时，上家可以考虑用大牌顶牌，拿到出牌权，再出对子，因为下家手里没有单牌，可能有多组对子。

　　下家的手牌也可能相对完整，没有小单牌，下家也不想用大单牌去跟压一张小牌，想让上家过小牌。这时，如果上家的牌型比较好，获胜概率很大，上家就可以考虑跟出小牌。

◇　上家的让牌

　　虽然多数时候上家的出牌以顶牌为主，但有些时候，上家也要适当地让牌，选择不顶牌。

例如，上家所持手牌如下，地主首攻出单牌 5，下家跟出单牌 8，上家过牌，选择暂时让牌。上家组合牌型后，虽然手中有对子 22，但一旦早早地拆牌去顶地主的牌，到牌局后期就很难争取出牌权了。这时上家应等下家出小牌，顺势跟出小牌，减少手牌数，再考虑拆 2 顶牌。

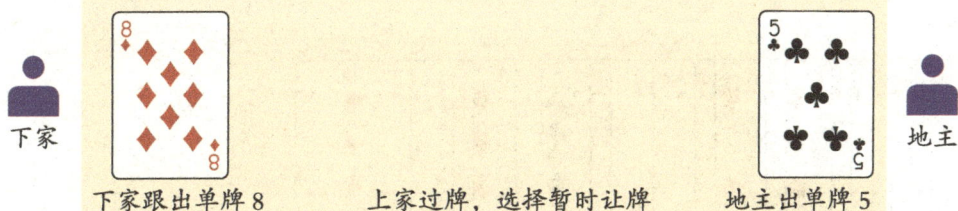

下家跟出单牌 8　　　上家过牌，选择暂时让牌　　　地主出单牌 5

上家手牌展示图

此外，如果下家跟出点数在 10 及以上的对子，上家就可以考虑不跟牌，让下家去争取出牌权，等到下家跟不了地主的牌，再顶地主的牌。

最后，无论是在出牌还是在让牌等，下家和上家要多为彼此着想，不能只管自己出牌，要相互配合，以获得牌局胜利。

4.3　实战练习

本节实战练习会给读者展示一些具有代表性的实战案例，并将分析地主和平民的出牌思路，让读者能在实战中灵活运用斗地主的技巧。

◇ 实战练习 1

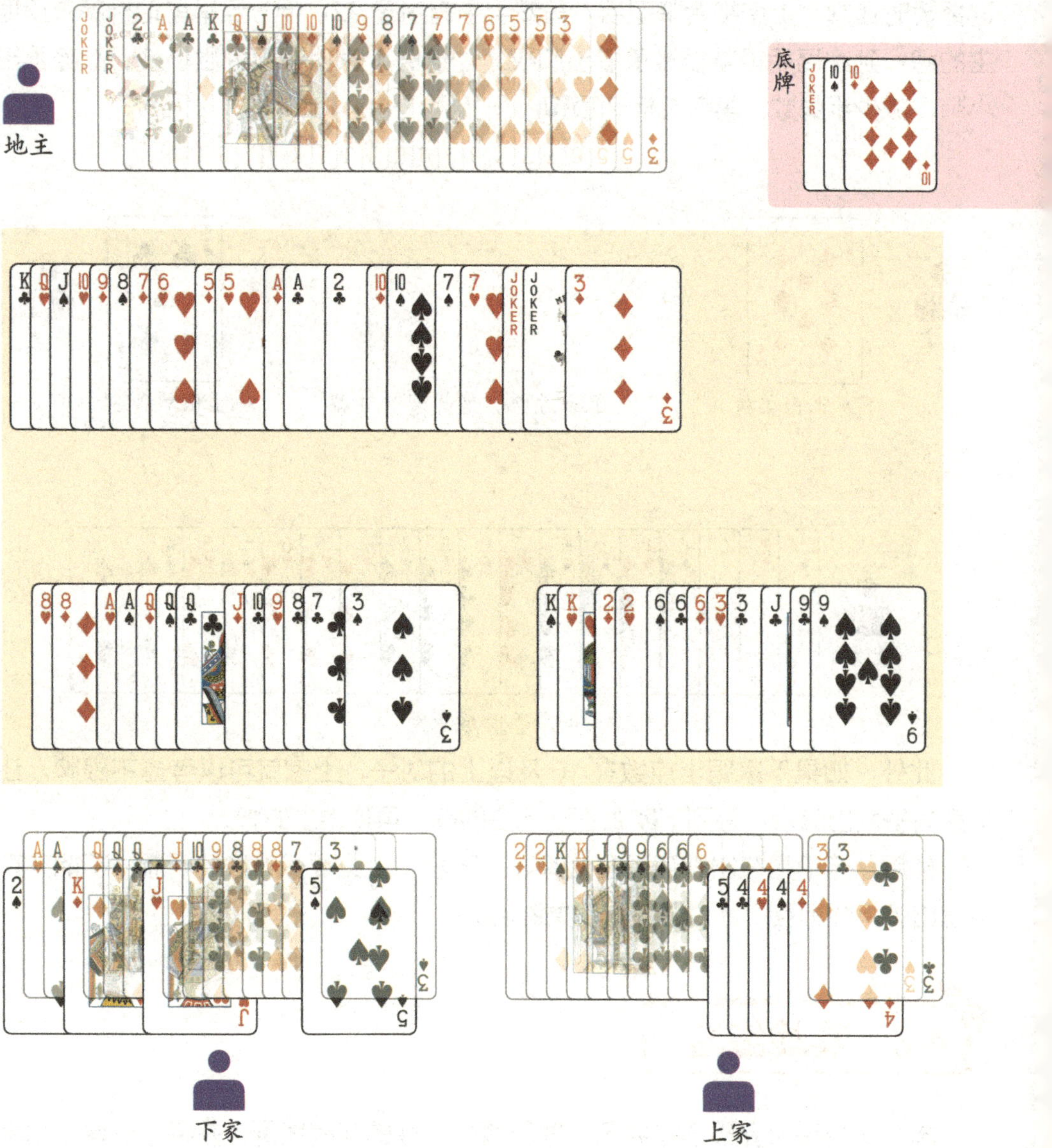

地主

底牌

下家

上家

实战过程：

　　地主拿到底牌 10、10、大王，组成了火箭。

　　第一轮，地主首攻出顺子 678910JQK（避免被打反春），被跟牌的可能性不大，不排除平民出炸弹。果然，上家手里有炸弹 4444，但由于牌型不算很好，所以放弃出炸弹。

第二轮，地主出对子 55，下家跟牌出 88。此时，如果上家直接出 22 顶牌，就无法确定地主手里是否有 A；若上家出 KK，则可试探地主手里是否有 A 或 2，如果地主跟 AA，则上家再出 22 顶牌。因此，上家选择出 KK，地主跟 AA，上家再出 22，并获得出牌权。

第三轮，上家出三带一 66633，地主过牌，下家跟出三带一 QQQAA，获得出牌权。

第四轮，下家出顺子 78910J，上家和地主过牌。

第五轮，下家出单牌 3，上家跟牌出 J，地主出 2 顶牌，获得出牌权。

第六轮，地主出 1010，下家和上家过牌，地主获得出牌权。

第七轮，地主出 77，下家过牌，上家跟出 99，地主出火箭获得出牌权，并报单。

第八轮，地主出 3，获得胜利。

案例分析：

观察实战过程，地主获胜的关键就在于第三轮下家的出牌。

由于下家想获得第四轮的出牌权，因此跟了第三轮上家的出牌，把手里的 AA 组成三一打出，导致平民缺少了能接地主对子的大牌，从而让地主持续掌握出牌权，然后获得胜利。

假设在上家出三带一 66633 的时候，地主过牌，下家也选择过牌，继续由上家出牌。这样，下家保留了手里的大对子 AA，也可以让上家多出一手牌。结合平民的手牌情况分析，后续无论地主是拆火箭出牌，还是直接出火箭，平民都有机会获胜。

◇ **实战练习 2**

下家

上家

实战过程：

地主拿到底牌5、6、8，修补了牌型，但是平民手里各有一个炸弹。

第一轮，地主首攻出顺子45678，下家与上家过牌。

第二轮，地主继续出顺子5678910，这时就看下家的取舍了。如果下家拆牌，组顺子910JQKA跟牌，对整体手牌的影响非常大。最终下家选择过牌，上家也过牌，地主继续获得出牌权。

第三轮，地主出顺子10JQKA（手里剩2、2、2、A），这时就看平民是否选择出炸弹。从平民的视角来看，他们结合手牌情况，两家都没有出炸弹，最终平民放弃出炸弹，均选择过牌。

第四轮，地主出三带一222A，打了平民春天。

案例分析：

本局牌中，地主凭借拿到的底牌将牌型修补得非常完整，但平民玩家手中各有一个炸弹，地主想要获得牌局胜利，仍然有一定难度。地主为争取牌局胜利，连续出了三组顺子，最后剩下一组三带一。地主选择首攻以及后面两手都出顺子，就是想看平民是否会出炸弹。而平民基于手牌情况判断，如果打出炸弹，只会让自己输得更多，选择不出炸弹，才让地主获胜。

◇ **实战练习 3**

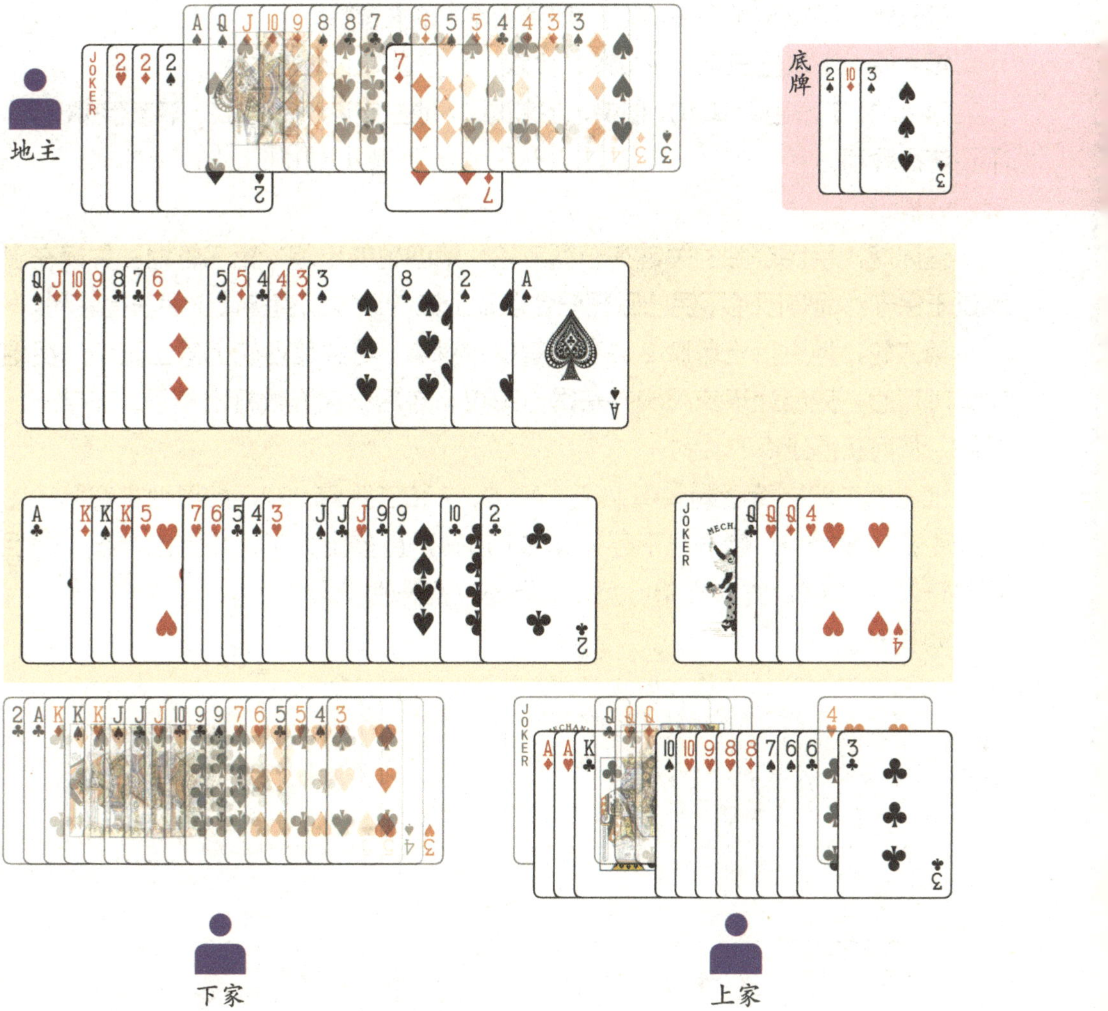

实战过程：

地主拿到底牌 3、10、2。

第一轮，地主首攻出顺子 678910JQ，要么能逼出平民手里的 K，要么能拿到出牌权。此时，下家和上家均选择过牌。

第二轮，地主出连对 334455，下家、上家继续选择过牌。

第三轮，地主出单牌 8，下家出单牌 A，上家过牌，地主拆牌出 2 顶牌，下家过牌，上家出小王，拿到出牌权。

第四轮，上家出三带一 QQQ4，下家跟出三带一 KKK5，拿到出牌权。

第五轮，下家出顺子 34567，上家过牌，地主过牌。

第六轮，下家出三带一 JJJ99，报双，上家过牌，地主过牌。

第七轮，下家出单牌 10，报单，上家过牌，地主出 A，下家出 2，下家手牌出完，平民获得胜利。

案例分析：

这局牌，平民获胜的关键在于第三轮、第四轮的出牌。第三轮地主失误在出牌过于保守，而第四轮平民的默契配合以及上家的助攻则直接让平民获得胜利。

第三轮，地主拆出单牌 2 去顶下家的单牌 A，导致第四轮上家出三带一后地主无牌可跟，只能让下家跟牌并获得出牌权。随后下家连续打出顺子、三带一、单牌，从而获得最终的胜利。

地主第二轮出牌后剩单牌大王、A、8、7 和三张牌 222，如果地主在第三轮后期不拆出单牌 2，赌一把不存在炸弹 KKKK，直接出大王，拿到出牌权，随后再出三带一 2228，留 A 报单，那么这局地主就获胜了。

◇ **实战练习 4**

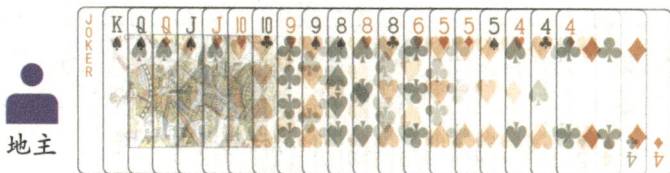

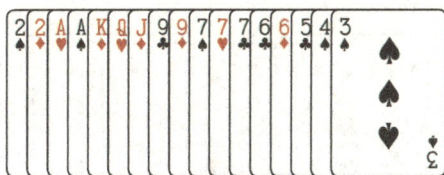

第四章
斗地主的打法

下家

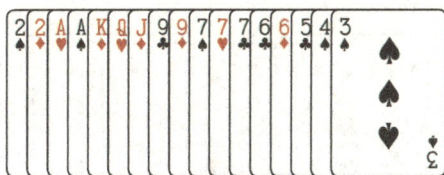

上家

实战过程:

　　地主拿到了底牌 6、10、Q。

　　第一轮,地主首攻选择先出飞机带翅膀 4445556K,下家和上家均选择了过牌,地主继续拿到出牌权。

　　第二轮,地主出连对 991010JJQQ（继续试探平民手里有没有炸弹）,此时,下家和上家依然选择过牌,继续由地主出牌,地主还剩单牌大王和三张牌 888。

　　第三轮,地主直接出三带一获得胜利,打了平民春天。

案例分析:

　　本局地主在只有一张大王的情况下获得牌局胜利,还打了平民春天,其关键就在于拿到的底牌。地主用底牌 10、Q 组成了四连对,再加上原手就有的飞机带翅膀,有了打平民春天的可能。

　　通过此案例,我们可以知道,即使手中缺少大牌,并且牌型不算特别完整,也可以寄希望于底牌,只要拿的底牌好,就能把牌型修补完整,大大增加获胜概率。

◇　**实战练习5**

地主

底牌

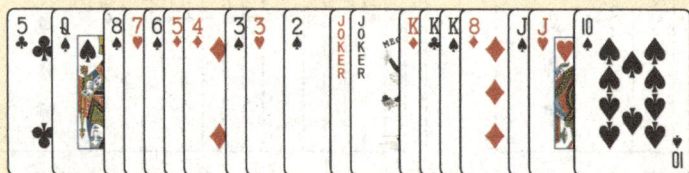

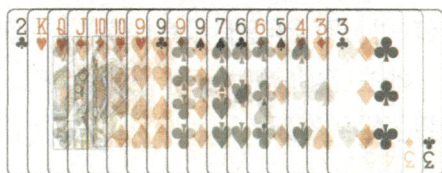

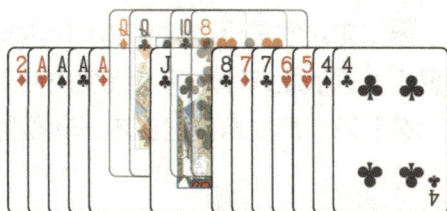

下家

上家

实战过程：

地主拿到底牌 4、8、J。

第一轮，地主首攻出单牌 5，下家跟出 6，上家出 J，地主再出 Q，下家跟出 K，上家过牌，地主过牌，下家拿到出牌权。

第二轮，下家出单牌 3，上家出 10，地主过牌，下家再出 J，上家过牌，地主过牌，下家拿到出牌权。

第三轮，下家继续出单牌 Q，上家过牌，地主过牌。

第四轮，下家出顺子 34567，上家过牌，地主跟出 45678，下家过牌，上家过牌，地主拿到出牌权。

第五轮，地主出对子 33，下家出对子 1010，上家出对子 QQ，地主过牌，下家过牌，上家拿到出牌权。

第六轮，上家出单牌 8，地主拆 2 顶牌，下家出炸弹 9999 并报单，上家选择过牌，这时地主出火箭，拿到出牌权。

第七轮，地主出三带一 KKK8，下家、上家选择过牌。

第八轮，地主出对子 JJ 并报双，下家选择过牌，上家过牌。

第九轮，地主出单牌 10，下家正好出单牌 2，平民获胜。

案例分析：

这局牌中三个玩家手里各有一个炸弹并且玩家手里的单牌都比较多，地主和平民想要获得胜利，是有一定难度的。

开局几轮，地主和平民都在走牌，想尽快打出手里的单牌。直到第六轮，牌局变得紧张起来，下家出炸弹 9999 并报单。

如果地主不出火箭，则平民获胜。于是，地主直接选择出火箭，随后打出三带一 KKK8 和对子 JJ 并报双，剩单牌 2、10。如果地主在报双后先出单牌 2，很可能直接获胜。但没想到地主选择出单牌 10，让下家出牌并获得了胜利。

这局对战真是处处有反转，开局觉得难分胜负，到地主出火箭，就以为地主能赢，没想到在最后关头地主出牌失误，反而平民获胜。

地主报牌后选择出单牌 10，也是可以理解的。毕竟此时上家手里还有炸弹 AAAA。但综合分析上家手牌情况，上家出炸弹后依然不能把牌出完，很可能会放弃出炸弹，所以如果地主推算上家的手牌情况，就很可能获胜。

◇ **实战练习 6**

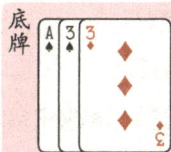

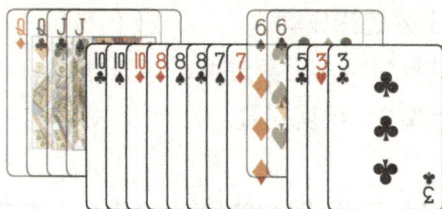

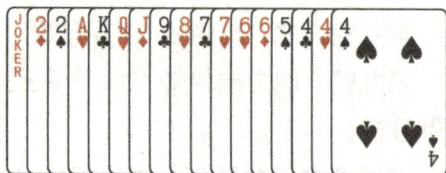

下家　　　　　　　　　　　　　　上家

实战过程：

地主拿到底牌3、3、A。

第一轮，地主首攻出对子33，下家出对子66，上家过牌，地主再出对子99，下家跟出对子JJ，上家过牌，地主拆牌出对子KK，下家、上家均选择过牌，地主拿到出牌权。

第二轮，地主出顺子910JQK，下家过牌，上家过牌。这时，地主还剩单牌小王、4，对子22、55，三张牌AAA，下一轮地主是出对子还是出三带一，需要思考一下，这影响着后面的牌局走势。

第三轮，地主选择出对子55，下家出对子QQ，上家过牌，地主再出对子22顶牌，下家过牌，上家过牌。

第四轮，地主出三带一AAA4并报单，下家、上家均选择过牌。

第五轮，地主出小王，获得胜利。

案例分析：

这局牌地主能获胜的关键，是第三轮选择出对子55。如果地主先出三带一AAA4，然后再出对子55，平民看到地主的手牌这么少就有可能出对子22顶牌，然后平民改出单牌、三带一或顺子等牌型，地主就没有出牌优势了。因此，在本局中地主先出对子55，手上有对子22压牌，依然可以拿到出牌权，随后再出三带一，平民就没牌可跟了，地主获胜。

◇ 实战练习 7

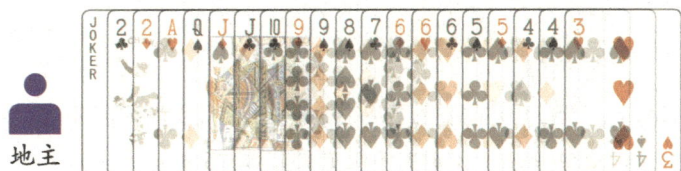

底牌

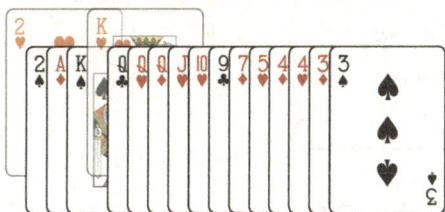

下家

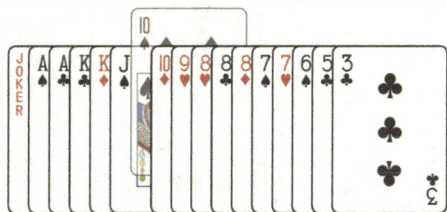

上家

实战过程：

地主拿到底牌 A、2、小王。

第一轮，地主首攻出单牌 9，下家过牌，上家出 10，地主再出 J，下家出 K，上家过牌，地主出 A，下家拆牌出 2，上家继续过牌，地主出小王，下家、上家均选择过牌，地主拿到出牌权。

第二轮，地主出连对 445566，下家、上家继续过牌。

第三轮，地主出顺子 678910JQ，手牌剩两张 2 和一张 3，下家、上家继续过牌。

第四轮,地主出对子22并报单,下家、上家过牌,地主占据出牌权,随后再出3,获得胜利。

案例分析:

这局牌地主获得胜利,除了因为底牌的牌面有优势之外,还因为平民没有去顶地主出的单牌。平民没有拦截地主出单牌,从而让地主迅速把手里的单牌打出,然后再以大牌顶牌拿到出牌权,随之打出连对445566、顺子678910JQ、对子22这些平民要不起的牌,最后出3,顺利地获得胜利。

◇ **实战练习 8**

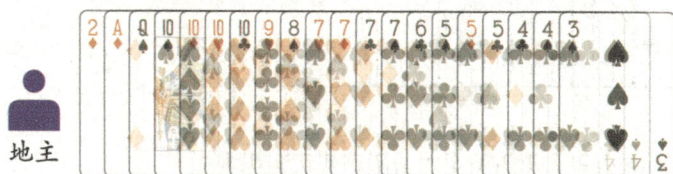

地主

底牌

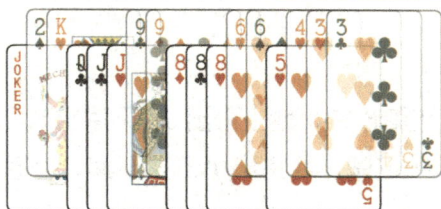

下家

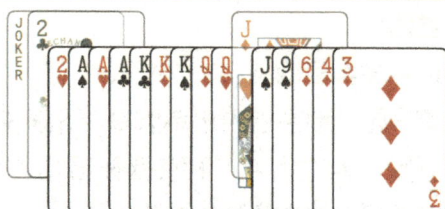

上家

实战过程：

地主拿到底牌 5、5、2，手牌中有 7777 和 10101010 两个炸弹。

第一轮，地主首攻出单牌 Q，下家出 K，上家过牌，地主出 A，下家出 2 顶牌，上家、地主均选择过牌，下家拿到出牌权。

第二轮，下家出对子 66，上家、地主继续过牌。

第三轮，下家出对子 33，上家过牌，地主跟出 55，下家出 99，上家、地主继续过牌，下家拿到出牌权。

第四轮，下家出单牌 4，上家出 2 顶牌，地主、下家过牌，上家拿到出牌权。

第五轮，上家出单牌 J，地主出 2，下家过牌，上家出小王顶牌，地主出炸弹 10101010，拿到出牌权。

第六轮，地主拆炸弹 7777，出顺子 3456789，下家、上家均选择过牌。

第七轮，地主出三带一 7774，获得胜利。

案例分析：

这局牌地主首攻选择出单牌 Q，感觉有点草率了。虽然地主手中有 7777、10101010 两个炸弹，但根据地主手牌情况，炸弹 7777 后期基本要拆了来组顺子。所以，地主首攻出单牌 4，以单牌 Q 来顶牌，才是合理的。

按地主首攻出单牌 Q 来看，手牌还留有 4、5 这样的小牌，一旦平民不让地主过小牌，那么地主很有可能会输。但是，当第三轮下家打出 33，地主就有打出对子 55 的机会了，只要确定平民手里没有炸弹，那么地主获胜就没有悬念了。故而，地主这手牌的获胜关键就在于过小牌 4 和 5 上。

这个案例告诉我们，地主首攻出牌时，尽量先出小牌，以免留在手里的小牌影响获胜。

◇ **实战练习 9**

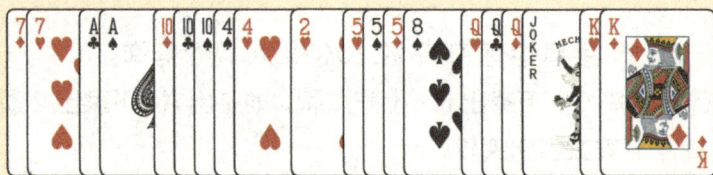

下家

上家

实战过程：

地主拿到底牌 4、10、K。

第一轮，地主首攻出对子 77，下家出 99，上家过牌，地主出 AA，下家出 22 顶牌，上家过牌，地主过牌，下家拿到出牌权。

第二轮，下家出三带一 33366，上家过牌，地主出 10101044，下家过牌，上家过牌，地主拿到出牌权。

第三轮，地主出单牌 2，下家过牌，上家过牌。

第四轮，地主出三带一 5558，下家出 8887，上家过牌，地主出 QQQ 带小王并报双，下家过牌，上家过牌，地主拿到出牌权。

第五轮，地主出对子 KK，获得胜利。

案例分析：

这局牌中地主首攻出 77，而没有选择出三张牌，其目的在于先出小对子，再用大对子顶牌，以减少出牌手数。地主手牌里的单牌、三张牌也都有控牌能力，只要地主拿到出牌权，再出三带一，获得胜利就十拿九稳了。

　　本案例中的地主不按常规出牌，首攻出对子，在减少出牌手数的同时主导出牌节奏，即使下家再怎么顶牌、出牌，地主依然能获得牌局胜利。

◇　实战练习 10

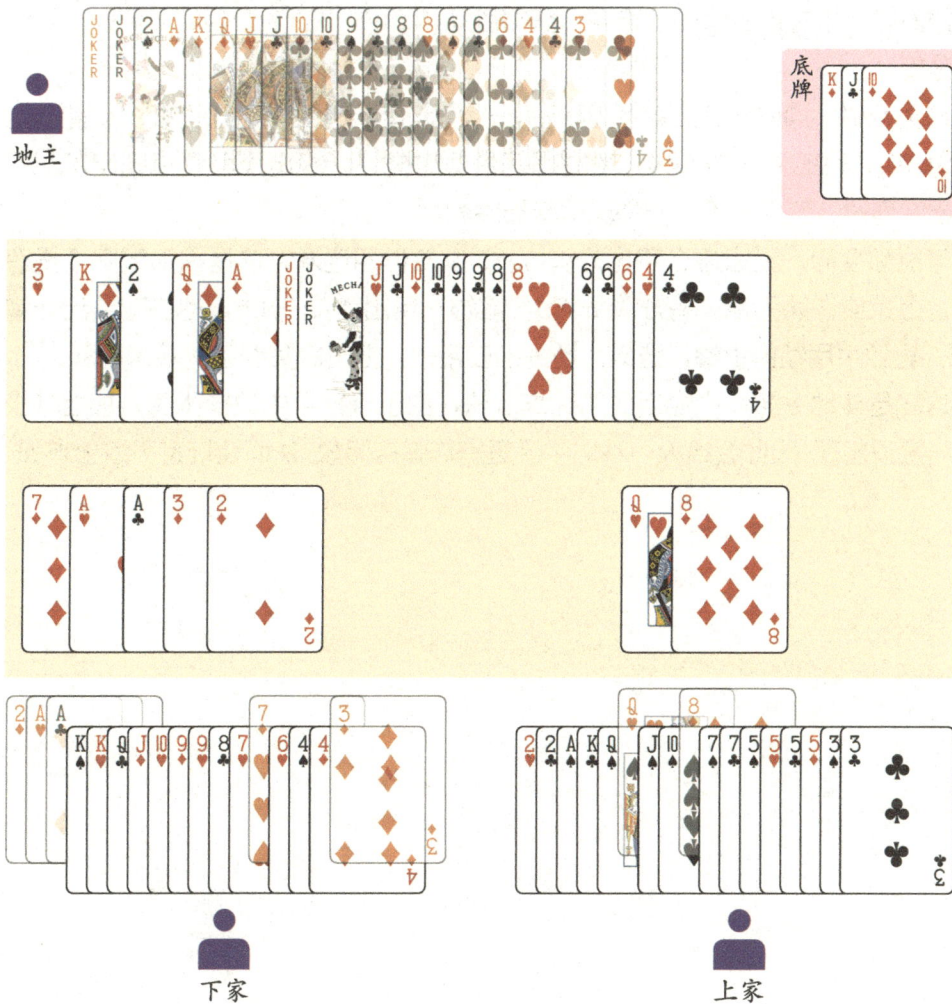

实战过程：

　　地主拿到底牌 10、J、K。

　　第一轮，地主首攻出单牌 3，下家出 7，上家出 Q，地主出 K，下家拆牌出 A，上家过牌，地主出 2 顶牌并拿到出牌权。

　　第二轮，地主出单牌 Q，下家出 A，上家过牌，地主过牌，下家拿到出牌权。

第三轮，下家出单牌 3，上家出 8，地主出 A，下家出 2 顶牌，上家过牌，地主直接出火箭并拿到出牌权。

第四轮，地主出四连对 88991010JJ，下家过牌，上家也选择过牌。

第五轮，地主出三带一 66644，获得胜利。

案例分析：

这局牌中，地主和上家手里各有一组炸弹。地主先出单牌，保留连对 88991010JJ 和三带一 66644。地主想等合适时机，直接出火箭以拿到出牌权，随后出四连对、三带一等，一举获得牌局胜利。

可能你会问，上家怎么不出炸弹 5555 以应付四连对。这是因为数牌 6 没有出现，上家或许认为地主有炸弹 6666，担心一旦出炸弹 5555，地主就会出炸弹 6666，导致平民输得更惨。结果，地主出三带一，把上家骗到了，获得胜利。

这就是斗地主游戏中会用到的骗炸玩法，由于玩家手中缺多张牌，加上缺少的牌一直没出现，因此会给人一种对手手里有炸弹的假象，从而让玩家不敢出炸弹。